아무튼, 작가

아무튼, 작가

발행	| 2022년 2월 8일
지은이	| 햇반
편집 · 디자인	| 카페엘코브
펴낸이	| 한건희
펴낸곳	| 주식회사 부크크
등록	| 2014.07.15 (제2014-16호.)
주소	| 서울특별시 금천구 가산디지털1로 119 SK트윈타워 A동 305호
전화	| 1670-8316
이메일	| info@bookk.co.kr
홈페이지	| www.bookk.co.kr
ISBN	| 979-11-372-7318-4

cafe Leave

"햇반"

대구법이초등학교 5학년 1반

김민서 김수영 김이은 박지완 박지원

박지율 서시민 이세빈 조가윤 조윤서

주진영 홍지우 김건우 김성민 김현진

김채윤 박주하 박준상 박지환 신동현

이찬호 이형민 정지원 최규민 최승민

한도현 홍서진 조은별 한우주

6.

Anyway, writers

시시콜콜하고 솔직한 5학년 일상 에세이

아무튼, 작가

햇반 지음

의 셉티 이거를 버
내가 너의 좁은 어
올려진 작은 손 1
은한 위로가 되길
{란다. 니는 어떤
어유가 있어서 빛
>계 아니다. 그저
4어서, 지금의 너
서 아름답고 빛
나는 그런 너의
오늘을 응원한다

Prologue

"자신을 들여다보는 탐험의 길을 떠납시다!"

3월 초 수업 시간, 사고뭉치 담임 선생님의 선언 앞에서 아이들은 고개가 갸우뚱 그 자체였습니다. 글쓰기의 완성은 작가 되기, 책 출판! 이라고 외치는 선생님의 한마디는 어떤 아이들에게는 의문으로, 어떤 아이들은 부담으로, 또 어떤 아이들에게는 의심으로 다가갔을 것입니다. 작가가 된다는 것은 상상조차도 한번 해본 적이 없는 아이들의 반응이 어떨지는 안 봐도 알 겁니다.

12살 어린 나이에 작가가 되고 보니 작가들의 마음을 알 것 같습니다. 창작의 고통은 생각보다 큽니다. 혼을 갈아 넣어 썼지만 쓴 글 중에 편집부에 통과되지 못해 세상 밖으로 나오지 못한 글들을 보면서 글쓰기의 흥미가 다시 잃어버리기도 합니다. 그런데 어느새 오늘도 에세이를 쓰고 있는 나를 봅니다. 계속 써야 좋은 글이 나올 가능성이 크겠죠. 글 하나하나가 소중하다는 것을 작가가 되어서야 알았습니다. 이 책을 읽는 독자들 역시 우리가 쓴 글 하나하나가 소중함을 알고 천천히 음미하며 읽어 주셨으면 좋겠습니다.

— 12살 최승민, 〈작가의 말〉 중에서

책 쓰기는 단순히 글을 쓰는 것에서 그치지 않고 내용을 쓰고, 표지 디자인 등의 편집을 통해 한 권의 책으로 형태를 갖추는 쉽지 않은 과정을 거쳐야 합니다. 그럼 우리 반 어린이들이 남다른 작가적 재능이나 흥미가 있어서 시작한 거냐고요? 그럴 리가요. 사실 글은 누구나 쓰기 힘듭니다. 글을 통해 자신을 드러내는 것은 부담스럽고 두려운 일이며 글의 내용을 표현하는 방법은 좀처럼 쉽게 잡히지 않습니다. 그래서 거창한 주제보다 일상 속 발견과 그 속에서 찾은 의미를 담담하게 쓰도록 최소한의 기준만 제시하고 꾸준히 편안하게 쓰도록 했습니다. 아이들은 계속 물었습니다.

"선생님 이런 내용을 써도 되나요?"

"이런 주제가 책의 내용으로 적합할까요?"

그럴 때마다 늘 말했습니다.

"그럼! 솔직하게 쓰고 싶은 내용, 형식으로 자유롭게 써! 진심을 담아서 쓰면 뭐든 좋아."

이 책을 통해 12살의 평범하지만 평범하지 않은 사소한 일상을 한눈에 볼 수 있으며, 계속 들여다보면 우리도 세상의 모든 지구촌 이웃들처럼 중요한 주민이라는 것을 알게 될 것입니다. 많은 선택권을 가진 어른 이웃만큼이나 중요한 구성원이라는 사실을.
— 12살 이찬호, 〈작가의 말〉 중에서

이 책은 1년 가까이 함께 생활한 우리 반 아이들의 시선을 담은 글을 모은 에세이입니다. 시시콜콜한 12살의 일상에는 크고 작은 갖가지 재미와 슬픔, 고달픔 등이 담겨 있고, 그것들은 어른의 세계와 다를 바 없습니다. 아이들은 지금의 삶을 열심히 들여다보았고 자신의 인생을 고스란히 드러냈습니다. 그리고 이 이야기들은 대한민국을 살아가는 모든 12살의 이야기도 합니다. 이 책을 통해 핑크빛 미래를 위해 무한 질주하는 것만큼이나 지금 이 순간의 삶도 이미 충분히 찬란한 색을 가지고 있음을 잊지 말기를 바랍니다.

여름날 빗속에서 우리가 어떻게 놀았는지 기억하나요?
어느 날에는 다치고 상처를 입었어요
때때로 세상은 불공평했고
그래서 우리는 싸워야 했어요
하지만 당신이 그 시절에 사랑받았다고 느꼈으면 좋겠어요
...
삶의 모든 순간, 당신은 사랑받았다고 느꼈으면 좋겠어요.
— 리사 아이사토, 〈삶의 모든 색〉 중에서

늘 아낌없이 지원해주고 관심 가져주신 김광순 교장선생님, 송의연 교감선생님, 함께 웃으며 살뜰히 챙겨주신 우리 동학년 선생님 (손지헌, 강은정, 최은주, 이은민 선생님)께 깊은 감사를 드리며, 책이 나오기까지 누구보다 앞장서서 편집 일을 해왔던 편집부 (혜준, 시안, 지원, 윤서, 진경, 수영)에게 특별히 더 감사드립니다.

"햇반이 너의 쉼터이기를 바라고, 내가 너의 좁은 어깨에 올려진 작은 손 같은 잔잔한 위로가 되길 바랍니다.
너는 어떤 이유가 있어서 빛나는 게 아닙니다.

그저 너여서, 지금의 너여서 아름답고 빛날 뿐입니다.

나는 그런 너의 지금을, 오늘을 응원합니다."

2022년 2월 햇반지기 김태음

1부 아무튼, 5학년

2부 너의 오늘은 안녕하니?

아무튼, 작가
Anyway, writers

"햇반 작가들의 일상 에세이"

1부

아무튼, 5학년 ☆

영웅이 되는 길, 달고나

박시안

생각만 할 뿐

체육 쿠폰을 쓰는 친구나 맛있는 음식을 가져와서 돌리는 친구를 볼 때마다 너무 멋진 영웅처럼 느껴졌다. 그럴 때마다 나는 다짐했다.
'언젠가 나도 친구들에게 간식을 돌리는 거야!'

하지만 맨날 다짐만 할 뿐, 간단하게라도 만들 줄 아는 간식이 하나도 없어서 아쉬움만 쌓였다.

시작

그러던 어느 날, 〈오징어 게임〉을 보다가 달고나 게임을 보며 깨달았다.

'아! 달고나!'

달고나로 영웅이 될 수 있겠다는 아이디어가 떠올랐지만 내가 달고나를 소름 끼치게 못 만든다는 사실도 확 깨달았다.

'음… 괜찮아! 일단 해 보는 거야. 재료가 어디 있지?'

재료를 찾는 데만 1시간이 걸렸다. 그렇게 나의 달고나 간식요리 만들기는 시작되었다.

만들기

유튜브에서 달고나 만드는 법을 찾아보았다.

'생각보다 쉬울 것 같은데?'

기세 등등하게 달고나 만들기를 시작했다. 먼저 설탕을 넣고, 녹이고, 소다를 넣고, 잘 저어주니 뭔가 성공할 것 같았다. 설탕 부은 판에 달고나를 부어주고 눌러주니 꽤 괜찮았다.

"아, 맞다. 모양 틀!"

서둘러 모양 틀을 눌러주니 생각보다 매우 멋진 달고나가 만들어졌다.

'와, 대박! 성공!'

그 성공 기세로 열심히 만들고 있었는데 아빠의 목소리가 들렸다.

"연기 때문에 머리 아프다. 이제 그만 해라."

'힝, 기분 좋게 잘 만들고 있었는데…'

아쉬운 마음이 들었지만 달고나를 정리할 수밖에 없었다.

완성된 30개

3일 동안 달고나를 만드니 30개! 다 포장하고나니 갑자기 걱정이 몰려왔다.

'자는 도중에 다 깨지면 어떡하지?'

'학교 가는 길에 깨지면 어떡하지?'

'친구들이 싫어하면 어떡하지?'

다음날 아침, 학교에 달고나를 들고 갔다. 2교시 쉬는 시간에 달고나를 친구들에게 나눠주었다. 친구들이 많이는 좋아하지 않을까 봐 자신 있게 나눠주지 못했다. 3명 정도에게 나눠주고 있는데 한 친구가 "어! 어! 나도 줘!"라고 말했다. 그 덕분인지 다른 친구들도 달라고 소리쳤다. 한 번에 많은 친구들이 몰려와서 달고나가 몇 개 깨지기도 했다. 내 달고나에 관심이 많이 쏟아져서 행복했다. 친구들과 선생님께 달고나를 다 나눠 주고 나니 뿌듯함에 계속 입꼬리가 실룩실룩 벌어졌다.

하굣길에도 다른 친구들에게 주문이 더 들어왔다. 하지만 "너무 많이 만들었으니까 당분간은 더 만들지 마라."라는 아빠의 말이 떠올라

아쉽게 거절했다. 그래도 그날 하루 달고나 인기스타가 된 것 같아서 매우 뿌듯했다. 다음에도 이렇게 친구들의 인기를 끌만한 것을 가져와 또다시 많은 관심을 얻고 싶다.

어쩌면 영웅이 되는 길은 그렇게 어렵지 않을 수도 있다.

아빠의 몸속에는 아이가 살고 있다

박시안

얼마 전 잠옷을 하나 샀는데 색감이랑 질감이 너무 좋아서 2개나 더 샀다. '어? 택배 왔나 보다! 입어봐야지!'라고 생각하던 참에 아빠가 달려왔다.

"어? 2개나 샀네?"

잠옷이 3개나 생겨 신나 하던 나에게 갑자기 이해 못 할 말이 내 귀로 전해져 왔다.

"잠옷 3개니까 우리 가족 모두 입으면 되겠네"라는 엄마의 말! 순간 당황했지만 엄마의 표정을 보고 농담이란 걸 알고 안도했다.

그런데 며칠 뒤 아빠가 이런 말씀을 꺼내놓으셨다.

"이 잠옷 이쁘네."

"잠옷이 3개나 있네. 딱 3개. 우리 가족도 3명인데…"

"가족 커플 템 좋은데?"

뭐 아빠도 잠옷이 이쁜가보다 하며 생각했는데 아빠가 "이 파란 색 잠옷 나 입을래"라고 말씀하시는 게 아닌가. 진짜 당황했다. 그동 안 아빠가 했던 말들이 모두 다 진심이라는 것을 깨달았기 때문이다.

"그걸 당신이 입는다고?" 놀라긴 엄마도 마찬가지.

파란색 잠옷을 들고 안방으로 가신 아빠.

잠시 후 아빠가 입고 나왔다. 내가 물을 마시고 있었다면 그대로 뿜 었을 것이다.

"어? 이거 여자용이야? 공용 아니었어?"

지금까지 남녀 공용인 줄 알았던 아빠는 크게 실망한 듯한 표정을 지었다. 그래도 그 잠옷에 미련이 남은 아빠는 그날 밤 내 파란 잠옷 을 입고 주무셨다. 잠옷이 작아 불편해하면서도 그 잠옷을 기어이, 꾸 역꾸역 입고 자는 아빠의 모습이 애처롭기도 하고 웃기기도 하고 귀 엽기도 했다.

어른의 몸속에는 어린이도 함께 살고 있는 것이 분명하다.

최고의 선물

나는 학원 때문에 항상 8시가 넘어야 집에 온다.

'아, 힘들어.'

아침부터 학교 갔다가 집에 와서 쉴 틈 없이 바로 학원 갔다 오니 너무 힘들고 피곤했다. 하지만 나에게 그런 피곤함을 없애줄 내 최고의 선물들이 기다리고 있다.

첫 번째는 휴대폰이다.

아무리 힘든 일을 해도 휴대폰만 보면 힘든 게 없어진다. 재미있는 게임을 하거나 신기한 유튜브를 보면 내 마음속에 있는 스트레스가 싹 사라진다. 나는 유튜브 영상 중에서도 먹방이랑 썰툰을 좋아한다.

두 번째는 침대이다.

아무리 힘들고 피곤한 일이 있어도 침대에만 누우면 푹신푹신 편안한 침대처럼 내 마음도 편안해진다.

6마리 물고기를 키우는
초보 물 생활러에서
200마리의 물고기 맘이 된
지금까지

박지원

[물생활의 시작] 제1장

어느 날, 폰으로 유튜브를 보고 있다가 눈길을 끄는 한 영상을 포착했다.

"물생활의 꽃, '구피' 완벽 가이드!"

섬네일에 그려진 구피의 사진을 보고 한 생각이 스쳐 지나갔다.

"엄마. 우리도 물고기 키워요."

"안 돼."

"왜요?"

"힘들어. 너랑 네 동생 돌보는 것만으로도 벅차."

"내 친구들 다 키우는데… 한 번만 키워봐요. 네?"

"..."

"아니… 제가 똥도 깨~끗하게 치우고, 밥도 책임지고 꼭꼭 먹이고, 청소도 깔~끔하게 하고, 물도 꼬박꼬박 갈게요. 약속해요. 제발요. 네?"

"..."

이런 대화를 계속 이어가며 계속 조르고 설득하고 약속한 끝에 결국 물고기를 키우자고 결론이 났다. 이게 구피 키우기의 시작이었다.

E마트에 도착한 후 나는 바로 반려동물 코너로 달려갔다. 갑자기 엄마의 말이 귓가에서 맴돌았다.

'E마트에 없으면 못 키워. 다른 마트 가기 좀 그렇잖아.'

'E마트에 진짜 있을 거예요. 장담합니다.'

이렇게 큰소리를 뻥뻥 치고 기대했는데, 반려어 코너가 없으면 어쩌지? 코너는 있는데 다 팔렸으면 어쩌지? 혹시 이제 영업 중단했나? 코너 없어졌나? 아니면 코로나 때문에 못 가나? 온갖 걱정이 떠올랐다. 하지만 일단 가보기로 했다. 다행히도, 반려어 코너와 물고기, 그리고 직원분은 자리를 꿋꿋하게 지키고 계셨다.

"저… 구피 배 빵빵한 암컷 6마리만 주세요!"

직원분께서는 배가 터질 것만 같은 구피 6마리를 봉지에 담아 나에게 건네셨다.

"감사합니다."

나는 6마리의 구피가 든 봉지와 방법 설명서를 조심스럽게 들고 집으로 돌아와 다짐을 했다.

'그래. 한 번 해 보는 거야. 아자!'

[웹서핑] 제2장

설명서를 착 펼쳐 들었다.

"여과기 필수 지참. 먹이는 중독을 방지하기 위해 최소 2가지로 준비. 어항은 개체 수에 맞는 크기로 준비. 1024 x 768이 제일 무난합니다."

"응? 이게 다야?"

엄청 자세하고 복잡한 내용이 세세하게 나열되어 있을 거라 생각했건만, 전혀 아니었다. 더욱더 자세하고 세세한 정보가 필요할 것 같아 구글과 네이버에 검색을 하며 여러 정보들과 팁들을 찾아보았다. 블로그도 찾아보고, 수족관 리뷰도 찾아보고, 인플루언서도 찾아보며 참고하고, 유튜브 같은 영상 플랫폼에서 전문 물생활 유튜버들의 영상도 찾아보며 물생활에 대한 정보를 찾아보았다.

"여과기… 여과기는 측면? 스펀지? 음… 어항은 어떤 크기로 사야… 부화통도 필요하다고? 사료는 칩이랑 사료로 할까… 구피는 소형어니까… 아오 머리 아파."

비록 머리가 좀 아프긴 했지만 내 머리에 쌓이는 정보와 함께 자신감도 쌓여 커지는 것만 같았다.

"그건 아까 들었고, 이건 아까 본 내용이랑 비슷하네… 이제 다 기억할 정도구나."

[쇼핑] 제3장

웹서핑을 하면서 본 필수 준비물들이 생각났다. 이번에 물고기들을 위한 물품들을 한 번 쇼핑해보려고 쇼핑 물품 리스트를 만들어, 본격적으로 쇼핑하러 나섰다. 나는 쇼핑 리스트를 좌락 펼치며 말했다.

"어… 여과기, 부화통, 어항용 온도계, 애기 구피들을 위한 작은 어항, 아기들이 숨을 수 있도록 하는 인공 수초… 블라블라 블라블라…"

살 게 너무 많았다. 그리고 한창 코로나 19가 퍼져 있어 불안감이 들기도 했다.

'그래. 코로나 19도 피하고, 옛날에 이 쇼핑 앱으로 포인트를 많이 쌓아 두었으니 포인트로 할인 쿠폰도 받아야지! 완전 일석이조네.'

나는 쇼핑 앱에 들어가 사료, 여과기, 온도계, 수질 정화제 등등 같은 필수 준비물들뿐만 아니라 돌, 인공 수초, 조명, 그늘 수초 등등 꾸미는 데도 필요한 여러 장식품들도 장바구니에 담았다. 주문하기를 눌렀다. 배송비가 좀 비싸긴 했지만, 적립된 포인트가 많아 할인이 많이 되어 기분이 좋았다. 구피를 위한 쇼핑 물품들을 좌악 살펴보다가 눈에 띄는 것이 하나 있었다.

'이게 뭐지? 서적인가… 서적이 왜 물고기 생활용품 카테고리에…'

자세히 보니 그것은 전문 구피 관련 서적이었다. 게다가 한국 최초로 구피를 주제로 다룬 책이었다고 한다.

'오. 이것도 내 물생활에 도움이 되겠네. 지침대로 잘하다 보면 나도 언젠간 프로 물생활러가 되겠지?'

"엄마. 책도 하나 주문할게요!"

이렇게 성공적으로 물고기 생활용품 쇼핑을 끝마쳤다. 쇼핑을 끝내니 '용품이 너무 부족한가…'라고 계속 귓가에서 울리던 나의 근심과 걱정이 사라져서 후련하고 속 시원했다. 또 뿌듯했다. 이렇게 내가 전문 용품들을 사니 내가 마치 유튜브에 나오는 멋진 전문 물생활러 분들 같기도 했다.

며칠 후, 띵동!

"택배 왔습니다."

"앗싸!"

나는 택배 상자를 가져와 뜯어보았다.

'오오오오오오오오오!'

영롱한 자태를 뿜어내는 여러 아름다운 물고기 용품들이 눈에 들어왔다. 물고기 용품들을 정리하고 몇몇 장식품들은 깨끗이 씻었다.

"얘들아, 새로 산 걸 세팅하려면 일단 물갈이를 해야 된다!"

나는 구피들을 위해 물갈이를 해주고 새로 산 인공 수초, 장식품들을 세팅해 주었다. 매우 기뻤다. 물고기도 기쁜 듯이 파닥거렸다.

[구피의 첫 출산] 4장

배가 빵빵한 구피를 부화통에 넣어주었다. 학원 숙제를 다 해 놓고 어항 앞에 털썩 앉아 부화통에 있는 아이를 오랫동안 바라보았다.

'언제 낳지… 내일쯤 낳으려나?'

아마 이 날이 구피를 처음 입양하고 다음 날이었던 걸로 기억한다.

'내일 낳겠지…'

이제 일어나려고 하는 순간 갑자기 조그만 아기 치어가 보였다.

'헉. 이럴 수가!'

임산부 구피가 있는 위칸 바로 밑에 있는 아랫칸에 쌀 알갱이만큼 작은 구피의 치어들이 꼬물꼬물 헤엄치고 있었다.

'허얼… 진짜 귀… 엽… 다…' 하고 절로 감탄사가 터져 나왔다.

와… 나는 그때 10년을 살면서 이 애기 구피들만큼 귀엽고 조그마한 애기들을 못 봤다. 그때 심쿵사해서 심장이 멈추고 병원 응급실로 실려 갈 뻔했다.

이 글을 보고 있는 당신!도 애기 구피들의 사진을 보면 심쿵사해서 심장이 멈추고 병원 응급실로 실려 갈 것이다. 나는 갓 태어난 애기들을 조그맣고 둥근 어항에 넣어 주었다. 애기 구피들은 원래 임산부와 떨어 트려 놓아서 따로따로 키워야 했다. 임산부 구피가 낳은 애기 구피들이 한 두 마리씩 늘어나는 걸 보며 나는 생명의 신비 그 자체의 의미를 비로써 알게 되었다.

'치어 구피들의 탄생은 정말 뜻깊은 거구나.'

갓 태어난 구피들이 파닥파닥 헤엄치는 모습을 보며 그야말로 구피에 완전히 꽂히고 말았다.

[고구마] 5장

아빠가 고구마 한 박스를 사 왔다. 큼직큼직한 고구마가 정말 맛 좋아 보였다.

"아빠. 고구마는 갑자기 왜?"

갑자기 한 의문점이 생겼다.

"아빠… 혹시 주식 올랐어요?"

왜냐하면 아빠는 헤실헤실 웃고 있었기 때문이다. 아빠는 주식이 오르면 항상 헤실헤실 웃는다.

"아니?"

내 예상이 틀렸다. 뭐, 이제 맛있는 고구마를 먹을 수 있으니까.

"아빠. 근데 고구마는 갑자기 왜 사 왔어요? 뭐 좋은 일이라도 있어요?"

"내가 어떤 물고기 키우는 사람 블로그 봤는데, 고구마가 어항에 그렇게 좋다더라? 잔내도 잡아 주고, 애들 숨바꼭질도 하고…"

'수… 숨바꼭질…?'

뭔가 미심쩍었다. 출처를 알아내서 찾아보기로 했다. 만약 전문 물생활러이면 믿고, 그냥 아마추어면 믿지 않기로 했다.

"출처가 어딘데요?"

"네이버 블로그."

"아니, 정확하게. 나중에 링크라도 보내주세요."

"까먹었어."

더 의심스러워졌다. 그래도 아빠가 제안한 건데, 한 번 시도해 보기로 했다. 아빠를 한 번 믿어보기로 했다. 고구마는 시간이 지날 때마다 뿌리를 쭉쭉 내렸다. 이제 거의 바닥까지 내려왔다. 고구마들이 어항을 점령했다. 구피들도 자신의 자리를 빼앗기니 당황한 눈치였다.

'이 고구마들이 한 마리의 구피의 죽음이라도 초래한다면 난 고구마들을 바로 처단하겠노라.'

그리고 며칠 후, 어항 속에서 살인 사건이 발생했다.

"범인은 이 안에 있다!"

"구피가 구피를 죽이진 않을 거고… 그럼 용의자는 이것뿐이다!"

구피는 고구마의 뿌리에 끼여 용궁으로 간 거였다.

'이 고구마들이 한 마리의 구피의 죽음이라도 초래한다면 난 고구마들을 바로 처단하겠노라고!'

난 구피를 나무 밑에 묻어 주고, 고구마를 뿌리 채 뽑아서 버렸다. 하지만 고구마가 구피를 죽인 게 너무 화가 났다. 그래서 쓰레기통에 던진 고구마를 다시 가져와서, 고문을 하기 시작했다. 안 쓰는 믹서기에 갈고 칼로 자르고 가위로 자르고 칼로 흠집 내고 종이 베이게 하고 전자파를 흘려보내고 벽에 던지고 바닥에 던지고 화장실에 던지고 물에 둥둥 익사하게 1000000분 동안 내버려 두었다. 복수 성공!

[이름 붙여주기 대작전] 6장

내가 처음으로 데려온 물고기는 총 5마리의 암컷 구피, 그리고 1마리의 수컷 구피였다. 원래는 6마리의 암컷 구피들을 데려오려고 했는데, 직원분이 이런 말을 하셨다.

"애기 낳게 하실 건가요?"

"넹? 당연하죠!"

"그러면 수컷 구피도 한 마리 데려가셔야 해요. 그래야 암컷 구피들과 수컷 구피가 교미를 해서 구피 치어들을 낳을 수 있어요. 그래서 보통 구피는 암컷이랑 수컷이랑 모두 분양해서 가지고 가셔야 해요. 저도 이 방법을 제일 추천드린답니다."

"그렇구나. 알겠어요! 암컷 배 빵빵으로 5마리, 수컷 1마리 주세용."

이렇게 해서 첫 구피들을 데려왔다.

어느 날, 구피들을 보다가 갑자기 생각이 퍼뜩 떠올랐다.

"이름이 없으니까 구분하기도 힘들고 부르기도 어렵네. 그래, 오늘 이름을 한 번 지어 주자!"

난 이름 지어주기 대작전을 펼쳤다.

"첫 번째로, 빨간색 지느러미를 가진 애는… 빨강이!"

빨강이는 어항 표면에 붙어 있는 산소 기포들을 뽀글뽀글 소리 내며 먹는 걸 좋아한다. 또, Catfish Chips라는 탭형 간식을 정말 좋아해서 하나 주면 간식이 정말 닳을 때까지 신나서 계속 따라다니면서 먹는다. 그리고 내가 데려온 6마리의 구피들 중에 가장 어리고 가장 작다. 하지만 먹성은 으뜸이다. 굿!

"알록달록한 무늬의 지느러미를 가진 애는 무지개로 하자!"

무지개는 정말 예쁘고 우아하다. 색깔 배치가 정말 센스 있다. 유전자가 부럽다. 또, 무지개는 다이어트 중이라면서 밥을 와구와구 먹는다. 왜냐? 물고기들은 자신이 다짐한 것조차 3초 만에 까먹기 때문이다. 하지만 그런 점도 물고기들의 매력 뿜뿜 포인트가 아닐까?

"노란색 지느러미를 가진 애는 색깔대로 노랑이로 해야지!"

노랑이는 제일 배가 빵빵했다. '첫 출산, 4장'을 읽어 보았는가? 거기서 '어떤 구피'가 자그마치 23마리의 아기를 낳았다고 했는데, 그 '어떤 구피'가 바로 노랑이였다. 지금은 출산을 다 하고 나서 배가 조금 홀쭉해졌긴 하다. 그래서인지 요즘 먹성이 다시 좋아졌다.

"딱 한 마리밖에 없는 이 수컷 구피는 붕어붕어로 해야징!"

많은 사람들이 내가 바로 붕어붕어가 수컷 구피임을 알아낸 게 의아할 것이다.

"수컷 구피랑 암컷 구피랑 똑같지 않아요?"

정답은… 땡! 틀렸어요. 멀리서 보면 언뜻 비슷해 보일지도 모르겠지만, 수컷 구피와 암컷 구피의 차이는 확연하게 보인다. 첫 번째로 수컷 구피가 암컷 구피보다 크기가 더 작다. 그리고 대부분의 암컷 구피는 임신을 해서 배가 엄청 빵빵한데 수컷 구피는 아니다. 다음은 좀 더 무늬가 복잡하다는 것이다. 마지막으로, 밑의 배지느러미 모양이 살짝 다르다. 암컷 구피들은 둥그렇고 긴데, 수컷 구피들은 뾰족하면서 길다. 그리고 어떤 품종들은 자신의 몸길이만큼 긴 배지느러미를 가지고 있다고 한다! 붕어붕어도 무지개처럼 예쁜 지느러미 무늬와 패턴을 가지고 있다. 그리고 붕어붕어는 노랑이를 짝사랑하는 거 같다. 붕어붕어가 맨날 노랑이를 쫄쫄 따라다니면서 헤엄치기 때문이다. 하지만 노랑이는 항상 붕어붕어를 피해서 도망을 간다. 하지만 결국엔 결혼해서 애기도 낳았다고 한다. ㅎ0ㅎ

"여기 있는 얘는 표범이로!"

표범은 독특한 무늬가 있다. 검은색 조그만 동그라미가 동글동글 지느러미에 예쁘게 배치되어 있다.

그래서 조금 더 우아하고 좀 새로워 보인다!

"마지막 얘는…. 뚱뚱이로 해야지!"

뚱뚱이는 밥을 야금야금 맛있게 받아먹는 게 특기이다. 애기들도 엄청 많이 임신하고 있어서 배가 엄청 빵빵하다. 그래서 그런지 부쩍 기력이 없어 보여서 비타민을 탄 간식을 많이 급여해주고 있다. 기운이 좀 난 건지 요즘은 활발하게 돌아다닌다. 다행이다. 그러고 보니 노랑이가 낳은 애기들이 생각난다. 그리고 애기들 중에 밥을 제일 많이 먹던 커다란 애기가 생각났다.

'음… 얘도 이름을 지어주면 편하겠다. 그런데 이름을 뭘로 지어주지? 노랑이 투? 노랑이 2? 좀 그런데… 그럼 노노랑이? 이것도 좀 별로… '

TV에서 붕어싸만코 광고가 나왔다. 팍! 뇌리에 생각이 하나 스쳐 지나갔다.

그래! 붕어싸만코로 하자! 그리고 줄인 이름은 싸만이!

싸만이는 노랑이와 똑 닮았다. 크기만 다를 뿐. 이렇게 이름을 다 지어주고 나니 애들을 불러주기가 더 쉬워졌다. 뚱뚱아~ 싸만아~ 붕어야~ 노랑아~ 표범아~ 빨강아~ 지개야~ 그리고 쪼꼬미들~♡ 나는 이제 물고기와 사랑에 빠진 것 같다. 그리고 며칠 후, 유튜브에서 물고기 관련 영상을 보고 있던 도중 코리도라스라는 청소물고기에 대해 알게 되었다.

'오, 귀엽네! 게다가 청소물고기라니…'

영상에서 본 코리가 바닥에 떨어진 사료를 옴뇸뇸뇸 먹는 모습이 떠올랐다. 나는 기절했다. 그리고 다시 벌떡 일어나 엄마한테 졸랐다. 그리고 영상에서 본 코리도라스의 장점을 줄줄이 나열하며 엄마와 아빠를 설득했다. 또 e마트에서 코리도라스를 사 왔다. 총 4마리를 사 왔는데, 2마리는 하얀색 알비노 코리도라스, 2마리는 베이지색과 검은색이 섞인 팬더 코리도라스이다. 이 4마리의 코리도라스는 옴놈놈 사료를 잘 먹으면서 쑥쑥 컸다.

[에필로그] 7장

아이들은 옴놈놈 잘 먹으면서 쑥쑥 잘 크고 있다. 엄마 구피들은 아이를 뿅뿅 잘 출산하고, 아이들은 잘 크면서 총 200 마리가 되었다. 이제 나도 프로 물생활러인가?

그만큼 많은 아이들이 용궁으로 떠났다. 하늘나라로 간 아이들은 나무 밑에 고이 묻어 주었고, 절을 하며 영원한 행복을 빌어 주었다. 물고기는 행복이자 사랑이고 신의 존재이다. 가끔씩 물고기에 대해 나쁜 말을 하는 아이들이 있는데, 그럴 때마다 이런 말을 해주고 싶어 진다.

"물고기도 생명이거든!"

나는 아직 이런 행복을 다른 데서 느껴본 적이 없다. 난 물고기 키우기라는 소확행을 내가 하늘나라로 갈 때까지 느끼고 싶다. 다시 말하지만 물고기는 사랑이자 행복이다. 나는 이 사랑과 행복을 마음에 꼭 품으며 살고 싶다.

20살이 되면 하고 싶은 알바

박지원

8년만 더 있으면 20살이다. 많은 사람들이 말한다.

"뭐? 8년밖에 안 남았어잉? 아우 꽃다운 나이네. 20살 되면 어떤지 알아? 자기 마음대로 자취도 하고~ 대학 가서 멋진 선후배랑 동지들도 만나고~ 자기 마음대로 사 먹고~ 라떼는 말이야 엉? 대학에서 남친을 만나가지구…"

다 거짓말이다. 자취든 대학이든 남친 여친이든 다 돈이 있어야 한다. 수능이 끝나고 난 돈을 벌어야 한다. 돈을 버는 건 당연히 힘들겠지만, 그렇다고 부모님께 계속 의존하며 손을 벌리긴 좀 그렇다. 따라서 난 하나의 대책을 세워 보았다. 입사와 면접, 회사 생활, 사회생활의 첫걸음인 알바를 해 보기로! 방금 떠올려본 알바의 종류는 5개인데, 장단점을 고려해서 리스트를 만들어 보기로 했다.

첫 번째 알바는 모두가 하고 싶어 하는 그 알바. 카페 알바다.
난 어릴 적 스타벅스나 엔젤리너스 커피숍이나 카페에 갔을 때 계산대 뒤에서 열심히 커피를 따르고 만들던 언니들을 부러워했다. 되게 뭔가 전문적이고 우아하고 멋진 직업이었다. 게다가 다 예쁘셨다. "OO번 손님 주문하신 OO 나왔습니다" 하다가 번호 따일 듯한… 그래서 뭔가 망설여진다. 카페 직원 알바를 하려면 전문 커피 만들기 스킬이 있어야 하고… 예뻐야 한다. 전문 스킬이 있으려면 바리스타 전용 대학에 들어가야 하는데… 난 다른 과에 들어가고 싶은데… 하지만 난 못생겼는데…
그리고 가장 결정적인 이유는 바로 힘들고 지루하다는 것이다. 맨날 커피를 만들어야 하고 맨날 똑같은 메뉴에 손님들은 폭주, 그래서 되게 지루할 것이다. 뻘러스, 허리와 목, 손이 정말 뻐근할 것이다. 또 가끔씩 뜨거운 커피에 손을 데거나 빵 같은 걸 자를 때 손이 베이는 등 안전사고의 우려도 있다. 그래도 요즘 직장인들에게 커피가 인기가 많으니까 돈은 잘 벌 수 있을 거 같다.

두 번째 알바는 편의점 단골들에게 생소할 수가 없는 편의점 알바이다.

하지만 이것도 단점이 있다. 어느 유튜브 영상에서 사연을 읽어주는 영상을 보았다. 사연의 당사자인 김00 씨는 편의점 알바생이었는데, 진상들이 정말 많이 와서 피곤하다고 했다. 이 사연처럼 편의점 알바는 진상이 정말 많다. 자신의 나이를 속여서 술이랑 담배를 사 가려는 어린 학생들도 있고, 마음대로 외상을 요구하는 빚쟁이들도 있고, 식탁에 앉아 라면 등을 먹고 치우지 않는 그런 위생적이지 못한 사람들도 있다. 생각만 해도 머리가 아프다. 이런 사람들과 실랑이하면서 쓰일 시간이 아깝다. 또 하나의 단점이 있다면 진짜 피곤하다는 것이다. 편의점 알바생들은 교대를 한다. 교대란 자신이 일하는 시간이 끝날 즈음 다음 사람에게 일을 넘겨주는 것이다. 교대를 한다 해도 아침이나 낮에 일하는 알바생들 자리는 거의 다 차서 남은 자리는 거의 밤이나 새벽밖에 없다. 그래서 잠도 잘 못 자서 피곤할 것이다. 잠을 낮에 잔다 해도 아침형 인간이 되어 생활 패턴이 불규칙해질 것이다. 또, 편의점 알바생들은 유통기한이 가까워지는 음식이나 상한 음식들을 다 정리하고 입고된 물품들을 다 정리해야 한다. 언뜻 보면 '아~ 그냥 정리만 하면 되겠네~ 쉽겠다 쉽겠어~'처럼 쉽게 보일 수 있지만 실제로 겪어 본 사람들은 그게 그렇게 어렵다고 한다. 하지만 유통기한이 가까워지는 음식은 챙겨서 먹을 수 있어서 좋다. 굿굿

다음은 항상 기다려지는 택배 배송 알바이다.

부릉부릉릉…… 부아아아아아아아ㅏ아아아 아아아아아ㅏ앙!

이 소리, 창문에서 많이 들려왔을 것이다. 이 소리는 바로 오토바이의 소리다.

부다다다다다다다다당… 탕탕타아아ㅏ아아앙

많이 짜증 나고 성날 것이다. 이 소리는 성가실 정도로 크기 때문이다.

부르르ㅡ르르르ㅡ르르ㅡ르르를르르ㅡ를릉!

하지만 이 소리는 택배를 기다리고 기다리고 손꼽아 기다리던 사람에게는 마치 축복처럼 느껴질 수 있으나… 택배 알바는 오토바이를 탈 수 있어야 한다. 즉 운전면허도 따야 하고, 그만큼의 위험도 감수해야 한다. 혹시 모른다. 요즘 오토바이 관련 안전사고나 교통사고가 많으니 유의를 해야 하기 때문이다. 그리고 택배를 잘못 전달하거나 주소를 헷갈리는 등 실수를 하면 끝장난다. 민원이나 항의, 전화가 오면 난 바로 해고 각이다. 그리고 무거운 짐을 들면 팔이나 다리가 뻐근하다. 꾸엑. 너무 힘들다.

다음은 과외 선생님 알바이다. 이 알바는 어느 한 분야에 excellent 해야지만 할 수 있다. 그만큼 공부를 열심히 해야 한다.

마지막은 임시교사 알바이다.

임시교사 알바는 특별한 대학을 나와야 한다. 아마도 교육대일 것이다. 임시교사 알바는 좋은 선생님이 되기 위한 첫걸음일 것이다. 아이들과 소통하고 덕담도 나누고 교사가 되기 위한 연습도… 하지만 학생들은 다 착하고 공부 잘하는 게 아니기 때문에… 크흠.

지금까지 내가 20살 때 하고 싶은 알바들의 장단점을 따져보았다. 20살 알바생님들, 모두 힘내세용!

여름나무

김수영

매미가 쨍쨍하게 울 때, 빛과 그림자가 섞이면서 지나간다. 위를 올려다보면 눈 부셔 잘 안 보이지만, 나뭇잎이 파릇파릇한 녹색이다. 여름의 녹색보단 봄의 연두색이 더 좋다. 뭐 이유는 없다. 나의 어릴 적 여름 나무 아래에는 매미가 늘 있었다.

"맴맴 맴맴~"

유치원 하원하며 할머니랑 손잡고 킥보드 타고 돌아가는 길에는 분수가 있었다. 분수 근처에는 풀이 많아서 매미가 많았고 가끔 할머니께서는 잡아주셨다. 벌레는 무섭지만 안 그런 척 만져도 본다. 손가락으로 진동이 전해오는 느낌이 있다. 할머니 집에 데리고 가면 할머니께서 매미 다리에 실을 묶어 주셨다. 실을 잡고 있으면 매미가 도망가려고 했다. 지금 생각하면 곤충 학대인 것 같기도 하지만 당시에 나는 그저 신기했다. 나한테 날아오면 기겁을 하며 할머니에게 달려갔다. 그러면 할머니께서는 창고에서 채집통을 꺼내어 그 속에 매미를 넣어 주셨다. 그걸 가지고 우리 집에 오면 항상 그날 이내에 죽어 버렸다. 슬펐다.

여름 나무 아래엔 개미도 많았다. 난 개미를 발로 밟으며 놀기도 했는데… 글로 쓰고 있으니 내가 더 잔인하게 느껴진다. 지금 생각해 보면 개미들에게 미안하다. 어렸을 땐 더운지도 모르고 항상 재밌게 놀았고 여름 나무에 대한 재밌는 생각이 많이 드는데 지금은 재미있는 생각이 드는 일이 없으며 가끔은 그 사실 자체가 너무 슬프다. 그 여름 나무 아래로 돌아가고 싶다.

우리 집 자동차

김수영

　어렸을 땐 항상 엄마가 차 문을 열어줬다. 난 카시트, 안전벨트 매기를 아주 싫어했다. 초등학교 3학년이 되어 처음 앞좌석에 앉았을 때, 항상 뒤에 앉았을 때 보다 멀미도 안 나고 몸이 붕 뜨는 느낌이 들고 넓은 시야가 신기했다. 엄청 큰 침대를 만난 느낌이랄까? 왜 앞좌석 벨트는 편하고 뒷좌석 벨트는 불편한지 난 정말 궁금하다. 뒷좌석

벨트를 편하게 매라고 아빠가 장치까지 사주셨는데 한번 쓰고 안 썼다. 돈 아까웠다. 처음부터 지금까지 엄마한테 듣는 말 중에 하나가 "넌 왜 좌석을 왜 그렇게 재끼고 타? 안 불편해?"이다. 나는 이게 더 편할 뿐이다. 앞좌석은 창문이 다 열리지만 뒷좌석은 끝까지 열리지 않는다고. 그게 너무 좋았다. 한 번만 눌러도 다 깔끔하게 다 내려가는 그 느낌. 올렸다 내렸다 올렸다 내렸다… 그래도 엄마한테 혼난 적은 없어서 다행이다.

아빠 차보다 엄마 차가 더 좋다. 아빠 차는 속도감을 낸다고 천장이 낮은걸 사서 조금 답답하고 자리 자체도 불편하고 청소를 안 해서 먼지, 찌꺼기, 자료, 종이 등등이 있기 때문이다. 요즘은 안 타서 모르겠지만 운전좌석만 편하게 만든 차여서 지금 타도 여전히 불편할 것 같다. 그래도 아빠 차 타면 좋은 점도 있다. 바로 마우스가 자동차에 있는데 그게 자동차 마우스여서 자동차 내비게이션에 쓰는 건데 그거 가지고 놀면 재미있다. 그러다 혼난 적 있는데 그래도 재미있다. 아빠는 항상 차 탈 때마다 노래를 듣는데 나와도 노래, 영화 이야기를 많이 하신다.

우리 할머니 차는 엄마가 예전에 타던 차라 엄마 냄새가 배어 있다. 넓고 좌석에서 트렁크로 바로 갈 수 있다. 4학년까지는 항상 할머니가 차를 타고 학교 수업을 마치면 데리러 와 주셨다. 할머니도 힘드셨을 텐데… 죄송하고 감사하다. 진짜 어렸을 때부터 돈 벌면 제일 먼저 하고 싶은 게 할머니 외제차 사주는 거다. 꼭 이루어 드릴 것이다.

Marshmallow

김수영

난 마시멜로우를 싫어하는 사람이다.

어렸을 때부터 마시멜로우는 유독 맛없다 생각했다. 하지만 인터넷
에서 마시멜로우를 구워 껍질을 벗겨 먹는 게 유행하자 나도 해보고
싶어서 오리지널 마시멜로우를 샀다. 가스레인지 불을 켜고 마시멜로
우를 구웠다. 첨엔 태웠다. 근데 먹어보니…세상에 신세계다. 엄청 맛

있는 달고나 맛도 났고 쫀득하면서 크림 맛이 풍부하다. 그 뒤로 1개 더 먹었는데 처음 먹었을 때의 감동만큼은 아니었다. 근데 몇 시간이 흐르자 또 생각나서 먹었다. 시간이 흘러서인지 다시 맛있었다. 이번에는 태우지도 않아서 탄 맛도 안 나고 더욱 맛있었다. 다음에 마트가면 한 봉지 더 사야겠다.

난 구워먹는 마시멜로우를 좋아하는 사람이다.

완성된 행복

박지율

　내가 제일 행복한 때는 모든 일을 끝마치고 저녁에 침대에 누워서 좋아하는 책을 읽는 것이다. 내가 읽는 책의 종류는 에세이, 소설, 만화책 등이 있다. 그중에서 만화책을 가장 많이 본다. 시간을 2시간 정도 잡고 원하는 책 시리즈를 있는 대로 다 가져와 침대 옆에다 놓아두고 이어폰을 낀 후 내가 좋아하는 노래를 틀고 간식을 침대 앞쪽 바닥에 두고 휴대폰을 충전기에 꽂은 후 베개를 베고 엎드려서 이불을 덮고 있으면 나만의 행복이 완성된다.

내 잘못이 아니다

김수영

어제 새벽 1시에 자서 아침 7시 30분에 기상, 학교 가서 수업하고 학원 갔다가 오후 7시에 마치면 바로 학원에 가서 9시에 마친다. 1시간 동안 씻고 밥 먹고 화상영어로 11시까지 한다. 이제 문제집과 숙제가 남았다. 잠이 쏟아질 때 따뜻하고 부드러운 이불이 나를 부른다. 말랑말랑하지도 딱딱하지도 않은 매트리스는 그야말로 천국이다.

보기 싫었던 것만 보다가, 마법의 세계가 보이는 네모난 구멍은 재밌고 멋진 것들이 참 많다. 다른 사람들의 멋진 생활, 멋진 춤, 요리, 노래 등등을 보며 나도 저렇게 하고 싶다고 생각하곤 한다. 화면을 끄면 네모난 검정 화면에 내 얼굴이 보인다. 눕는다. 저렇게 됐으면 하는 나를 보며 "왜 이러지? 다시 책상으로 가야 해"라고 말해본다.

하지만 오늘도 난 빠져나갈 수 없다.
침대가 못 빠져나가게 잡고 있으니까.

애착 베개

박지율

Anyway, writers

우리 집에 있는 내가 쓰는 베개는 다른 사람들에게는 아무 의미 없는 평범한 베개일 것이다. 하지만 나는 그 베개가 없으면 잠도 제대로 자지 못한다. 누구든 자신이 애착을 가지고 있는 물건이나 생물을 있기 마련이다. 왜 아끼느냐, 어차피 도움도 안 되는데, 낡았으니 버려라 등 험한 말을 듣기라도 하면 괜히 화가 나고 울컥한다.

얼마 전 아빠가 새로 사준다며 동생의 인형을 버렸을 때 동생은 울고불고 난리가 났었다. 하지만 아빠는 그것을 이해할 수 없다는 표정으로 바라보았다. 나는 오히려 그런 아빠가 더 이해되지 않았다.

한 가지 물건을 오래 쓰면 애착이 생기고, 애착이 생겼다는 것을 알고 나면 더 많이 아끼게 되는 그런 타입이 있다. 내가 그러하다. 내가 지금 쓰는 베개는 어린 왕자의 장미꽃처럼 나에게 없어서는 안 될 소중한 존재이다.

나는 이 베개가 더없이 소중하다.

달력

박지율

나는 매달 1개씩 달력을 만든다. 달력을 처음 만들기 시작한 달은 2020년 12월부터이다. 그리고 내가 달력을 만들게 된 계기는 미술학원에서 시켜서이다.

나는 달력 만들기를 꽤 좋아하는 편이다. 하지만 내가 처음부터 달력 만들기를 좋아했던 것은 아니다. 초반에는 귀찮아서 미루고 미루

다가 그 달의 후반이 되어서야 만들었다. 그래도 만들라고 하니 그냥 만들었다.

나는 달력 만들기가 너무 즐겁다. 요즘은 달력에 그 달에 어울리는 빵을 그린다. 원래 빵순이기도 하고 빵 그리는 것도 좋아해서 달력에 빵을 그리는 것은 어떨까 싶어서 그리게 되었다. 달력 만드는 것도 좋아하는데 거기다가 내가 좋아하는 빵도 그릴 수 있어서 이제는 달력 만들기가 너무 즐겁기만 하다.

Anyway, writers

참깨스틱 통

박지율

우리 집 공용 연필꽂이는 참깨스틱 통이다. 처음에는 그냥 먹고 통을 버리는 것이 아까워서 모아 두었는데 어느 순간 우리 집 공용 연필꽂이가 되어 버렸다. 그런데 이것도 원래는 다른 참깨스틱 통을 사용하고 있었는데 한 볼펜에서 잉크가 살짝 새어 버려서 새것으로 바꾼 것이다. 한마디로 이것은 2번째인 것이다. 그런데 이 말만 할 것이었으면 왜 제목을 그냥 참깨스틱 통이라고 하였겠는가?

참깨스틱 통은 여러모로 쓸모가 많다. 예를 들자면 연필꽂이는 물론이고, 내가 찰흙으로 작은 통을 빚을 때 뼈대처럼 사용할 수도 있다. 또 참깨스틱 통을 자른 뒤 찰흙을 이용해서 휴대폰 거치대도 만들 수 있다. 여러모로 유용한 이 참깨스틱 통을 버리기가 너무 아까워 언젠가는 또 쓰겠지 싶어서 모아 놓은 적도 있었다. 뭐… 결국 1개도 못쓰고 다 버렸지만 말이다.

아무튼 이 유용한 참깨스틱 통은 1~2개 정도는 쟁여놓으면 꼭 쓸일이 생긴다. 그렇다고 또 너무 많이 모아놓으면 나처럼 다 쓰레기가될 수도 있으니 조심해라.

지율이 최애 아이돌

박지율

그룹 이름: 투머로우 바이 투게더 (줄여서 투바투)

멤버 : 연준, 태현, 범규, 휴닝 카이, 수빈

"4세대 잇 보이"라고 불림. 외국인 팬이 많다. 멤버 모두 모아를 무지무지
좋아한다. 특히 연준은 모아를 덕질한다는 말이 있을 정도이다.

한국 콘서트가 이번 달에는 없다. (늦덕은 슬프다… 콘서트도 못 가고…)

3년 차 그룹이다. (늦덕은 슬프다…)

팬클럽 이름: 모아 (MOA)

지율이가 좋아하는 투바투 노래:

9와 4분의 3승 강장에서 너를 기다려

LO$ER=LOVER

어느 날 머리에서 뿔이 자랐다

교환일기 (두밧두 와리와리)

세계가 불타는 밤, 우린

지율이 최애와 차애:

최애 - 연준, 차애 - 태현

별명:

연준 - 쭈니, 연또먹… 등

태현 - 태서판다 (레서판다의 행동과 비슷한 행동을 많이 해서 붙은 별명)

멤버 별 대표 동물:

연준 - 사막여우

태현 - 다람쥐

범규 - 곰

휴닝 카이 - 펭귄

수빈 - 토끼

교실 에피소드: 벌

정지원

이건 1학기일 때 있었던 일이다. 국어 시간이었다. 교과서 속 이야기를 읽고 있었는데

"와아아아아"

갑자기 규민이가 소리쳤다. 바로 교실에 벌이 들어온 것이었다. 교실 창문을 열면서 방충망도 같이 열리고, 그 틈으로 들어온 모양이다.

선생님께서 뭐라고 말씀도 하시기 전에 (나 포함) 우리 반 친구들이 전부 소리를 지르며 쏜살같이 교실 밖으로 나갔다. 진짜 빨랐다. 정말 몇 초 사이에 벌어진 일이다.

벌이 나간 후 선생님께서는 어이없는 표정으로 우리를 바라보셨다. 그리고는 말씀하셨다.

"우리 반은 화재 상황 대피 훈련이 필요 없을 것 같네."

나는 그 말에 빵 터졌다. 정말 웃지 않고는 못 볼 일이다.

"지진이랑 화재 대피훈련은 딱히 필요 없겠군…"

선생님께 쓰는 편지

박지환

(이 글은 2021년 여름방학 중 선생님께 편지를 썼던 내용을 그대로 옮긴 것입니다.)

선생님 안녕하세요. 저 지환이예요.

지금은 제주도에 있지만 8.22일 오후에 대한민국 대구로 갈 거예

Anyway, writers

요. 저는 한라산에도 가 보았고 거문오름에도 가 보았어요. 예전에 선생님이 수업 시간에 말씀해주셨던 바로 그 한라산요. 얼마 전 뉴스를 보다가 한라산이 또 나와서 꼭 가보고 싶다는 생각을 했거든요. 그리고 마침내 8.18일에 한라산에 갔어요. 목표는 정상이었어요. 아빠랑 새벽 4시 30분에 일어나서 새벽 5시에 차를 타고 한라산 입구에 도착했어요. 처음에는 무지 쉽다고 생각했는데 점점 올라갈수록 나무 계단도 있고 돌계단도 있어서 너무 힘들었어요. 발을 헛디뎌서 아찔한 상황도 있었어요. 다행히 크게 다치지는 않았지만요. 첫 번째 대피소에서 핫바를 먹었고 두 번째 대피소에서 초코바를 먹었어요. 그리고 정상에서 김밥을 먹었어요. 한라산의 모습은 제가 여태 봐왔던 산들과는 모습이 달랐어요. 선생님이 수업시간에 한라산에 대해 말씀해주신 것들이 자꾸 생각나네요. 이제 곧 개학인데 코로나 상황이지만 선생님도 즐거운 여행을 한 번이라도 하셨으면 좋겠어요. 까맣게 탄 저를 보시고 놀리지 말아 주세요. 선생님 8.23일 개학일에 반가운 모습으로 만나요.

까다로운 회원가입

박주하

인터넷 회원가입을 하려면 아이디와 비번을 만들어야 한다. 나도 회원가입은 게임할 때 정말 많이 해봤다. 그런데 가입할 때마다 특히 비번을 만들 때 자주 일어나는 일이 있다. 비번을 영어만 사용해 만들면 항상 특수문자를 넣으라 한다. 하라는 대로 특수문자를 넣어 클릭하면 또 숫자를 넣으라고 한다. 또 시키는 대로 숫자를 대충 123 정도로 넣으면 연속된 숫자는 사용할 수 없다 한다. 가입방식이 까다롭다. 그래서 생년월일을 숫자로 쓰면 또 생년월일은 사용할 수 없다고 한다. 그래서 아무 숫자나 넣는다. 그런데 또 대문자를 사용하라고 한다. 게임 한판 하는데 정말 힘들다. 비번을 겨우겨우 만들면 중복된 아이디라고 다시 만들라고 한다. 그런 걸 왜 미리 알려주지 않는지 모르겠다. 그래서 다시 비번과 아이디를 만든다. 그럼 이제 인간이 맞는지 테스트를 한다고 한다. 내가 사람이 아니게 생겼나 보다. 테스트 문제가 제일 어렵다. 이상한 글자가 널브러져 있으면 그것을 맞춰야 한다. 겨우겨우 테스트를 끝내면 다른 테스트가 찾아온다. 신호등이 있는 곳을 클릭하세요 같은 문제이다. 드디어 완료를 누르는데… 오류가 났다고 한다. 항상 완료 앞에서 입구 컷 당한다.

회원가입은 절대로 그냥 안 받아준다. 나는 이 사태를 겪고 알게 되었다. 비번 만들 때는 특수문자 대문자 숫자를 정확하게 넣고 아이디 확인 잘하고, 무엇보다 사람처럼 보이자!

재시 면제권 위조하다

박주하

　　우리 반 윤서는 나와 같은 학원을 다닌다. 심지어 같은 요일 같은 레벨에 같은 반이다. 정말 끔찍하다. 뭐 모든 학원이 다 그렇겠지만 우리 학원은 재시가 있다. 재시로 갈 수 있는 경우는 아주 많다. 시험에서 문장을 3개 틀려도 재시, 삼단 변화를 2개 틀려도 재시, 단어 7개를 틀려도 재시, 숙제를 안 해도 재시, 워닝 카드를 받아도 재시이다. 하지만 다행스럽게도 재시 면제권도 있다 (물론 받기는 아주 어렵지만). 그런데 정말 이상하다. 재시 면제권에는 사용 기간이 있다. 잘했다고 주는 것인데 사용기간이 있는 게 이해가 안 된다.

나에게는 사용기간이 지난 재시 면제권이 한 개 있다 (물론 내가 받은 건 아니고 주운 거지만). 그 재시 면제권을 아주 자연스럽게 사용하려 해도 언제나 선생님께 잡혀서 검거당하고 만다. 그래서 재시 면제권을 사용하지 못했다.

그러던 어느 날… 집에 오는 길에 윤서가 내 얼굴을 가지고 볼드모트를 만들었다 (두둥 탁). 난 그것을 보고 아주 놀라운 발상을 했다! 재시 면제권을 찍어 날짜를 바꾼 다음 다시 인쇄를 하는 것이었다. 정말 천재적이다. 하지만 그 조윤서가 그냥 해 줄 리가 없었다. 결국 값비싼 거래를 성사하고 아주 완벽한 재시 면제권을 만들기 작업은 시작되었다. 먼저 2020년을 2021년으로 바꿨다. 그리고 조윤서의 소름 돋는 편집 실력으로 완벽한 재시 면제권이 탄생했다. 그 면제권을 인쇄하고 코팅지를 붙였다.

그런데 아주 큰 문제가 생겼다. 원래 재시 면제권보다 가로, 세로로 1cm씩 작은 것이었다. 이런 어이없는 실수를 하다니. 윤서에게 다시 환불해달라고 했지만 욕만 먹고 혼났다.

결국 올바른 마음으로 공부를 하며 숙제도 하고 단어도 열심히 외울 수밖에 없었다.

호불+호

서지민

민트 초코

민트 초코는 일명 민초라고 부른다. 민초 호는 화~하고 초코의 달 콤한 맛으로 먹는다. 그러나 민초 불호 얼린 치약만 이라고 한다. 반민 초 (반만 민트 초코)는 있을 때는 먹고 없을 땐 안 먹는다.

오이

오이는 중립이 대부분이다. 보통 호는 그냥 아삭아삭 씹히는 맛으로 먹는다. 중립은 그냥 줬을 때 먹는다. 불호는 대부분 알레르기나 그 특유의 맛을 싫어한다.

파인애플 피자

파인애플 피자는 호보단 불호가 더 많은 편이다. 일단 호는 상큼하고 달달한 맛으로 먹는다. 근데 불호는 따뜻한 파인애플이 싫다며 그냥 따로 먹으라고 한다. 중립은 그냥 먹는다.

마라탕

마라탕은 마라의 특유 향 때문에 호불호가 엄청 갈린다. 좋아하는 사람은 진짜 좋아하는데 마라탕을 싫어하는 사람은 진짜 싫어한다. 불호 중 매워서 잘 못 먹는 사람들도 있다. 중립은 굳이 사 먹진 않는다.

하나 남은 닭다리

이형민

설날에 사촌 동생 집에 가서 치킨을 먹고 있었다. 갑자기 분위기가 이상해졌다. 닭다리가 하나밖에 안 남았기 때문이다. 지금까지 살면서 뼈 있는 치킨을 안 먹어봤기 때문에 이번만은 꼭 먹으리라 결심했다. 그런데 그 순간 엄마가 오셨다. 엄마의 말은 예상이 되었다.

"사촌 동생들은 많이 먹고 커야 되니까 사촌 동생들한테 줘." 역시 예상을 벗어나지 않았다. 나는 뼈 있는 닭다리가 어떤 맛일지 상상만 하는 것으로 만족해야 했다.

　1년 뒤 오늘, 같은 상황이 벌어졌다. 엄마가 치킨을 시킨 것이다. 이 번만큼은 닭다리를 꼭 먹어보고 말 테다. 사촌 동생들에게 우선 다른 부위를 많이 먹게 하면 마지막 남은 닭다리를 먹게 될 거라고 생각했다. 작전은 순조로웠다. 그리고 닭다리는 고스란히 통에 담겨 있었다. 그렇게 닭다리를 먹으로 잡는 순간 그만 바닥에 떨어트리고 말았다.

　"내 닭다리!"

　이번에도 닭다리를 먹지 못하고 집으로 돌아왔다.

　뼈 있는 닭다리는 도대체 어떤 맛일까? 여전히 의문만 가득하다.

우리 집 당고

조가윤

당고

당고는 우리 집에서 키우는 귀여운 강아지이다. 당고는 시바이누이고 백색이다. 쭉쭉 늘어나는 볼살과 발랑 뒤집어서 애교를 부리는 것이 특징이다.

당고를 만나기까지

난 강아지를 좋아하는 또래 친구들과 다를 것이 없는 여자아이였다. 하루는 우연히 휴대폰으로 시바이누 영상을 보게 되었다. 볼살이 쭉쭉 늘어나고 새침 도도한 시바이누의 매력에 빠지게 되었다. 시바이누에 관한 영상들을 챙겨 보았고 강아지에 관한 책도 읽었다. 어머니에게 조르고 졸랐지만 돌아오는 대답은 안된다였다. 강아지를 키우는 것은 허용해주셨지만 시바이누는 안된다고 하셨다. 결국 미니 비숑을 분양하기로 했다. 미니 비숑은 털도 안 빠지고 키우기 쉽다는 것이 이유였다.

하지만 강아지를 데려오는 것은 이사 때문에 미뤄지게 되었고 이후 몇 달이 지나 서울에 갔을 때 미니 비숑이 아닌 시바이누 분양점을 가서 당고를 만나게 되었다.

당고를 만났다

분양점에는 다른 시바이누들이 많았다. 시바이누들은 활발했고 귀여웠다. 하지만 2개월이었던 당고는 유독 소심하고 조용하고 크기도 작았다. 당고의 아버지는 마메시바, 당고의 어머니는 일반 시바이누라서 당고는 표준 시바이누보다는 작았다.

서울에서 대구까지 차를 타고 조용히 집에 도착했다. 집에 와서 엄마와 언니는 철장을 조립했고 난 사료를 불려서 당고에게 주었다. 당고는 며칠 굶은 것처럼 환장하며 먹었다. (아무도 네 거 안 뺏어 먹어…) 당고는 금방 적응하여 꼬리를 올렸다. 너무너무 귀여워서 깨물어주고 싶었다.

그러나…

강아지 키우기는 쉽지 않았다. 감수는 하고 데려왔지만 너무너무 어려웠다. 2개월 된 작고 귀여운 아기 당고는 천사처럼 너무 예뻤지만 성격은 악마 같았다.

자는 시간에 철장에 넣어두면 밤새 계속 하울링 하고 우는 건 기본이고 이갈이 때문에 내 손가락 책상 등등 안 무는 게 없었다. 지금은 훈련을 해놓아 물지 않지만 지금도 그때 생각을 하면 끔찍하다.

그럼에도 불구하고…

이제 우리 당고는 세상에게 가장 예쁜 강아지이다.

최준

이세빈

　오늘도 난 반 준며들었다. 부정하고 싶지만 난 반 준며들었다. 난 이런 스타일을 안 좋아하는데 말이야. 아냐 난 아직 완전히 준며들지 않았다. 그래 난 원래 그런 느끼한 스타일을 싫어하니깐 말이야. 그래 난 아직 준며들지 않았어. 자기 합리화가 아니랍니다. 저는 그저 제 이상형을 말하는 거뿐이랍니다. 부정 아니라니깐요. 근데 최준이 아는 건 되게 많다. 내가 예쁜 걸 알아서 그런지 맨날 어 예쁘다고 말한다. 아마도 최준은 어 예쁘다 밖에 모르나 본다. 못생긴 내 친구를 봐도 어 예쁘다고 한다. 최준은 어장을 치고 있는 것 같다.

손가락 끝에 붙은 따까리

홍서진

Anyway, writers

　나에게는 요즘 엄지손가락 끝에 따까리(?)가 자주 생긴다. 마음 같아선 그 즉시 바로 확 잡아 떼고 싶지만 떼 본 사람은 알 것이다. 얼마나 아픈지를.

　어느 순간 나만의 노하우 아닌 노하우가 생겼다. 따까리를 조심스럽게 배배 꼬아서 잡아떼는 것이다. 그러나 이 방법을 쓰다가 피가 난 적이 있다. 그래서 요즘은 쓰지 않고 있다. 그런데 어느 날 내가 좋아하는 유튜버 "1분만"이 이것에 대한 영상을 올린 게 아닌가? 정확한 명칭은 "손톱 거스러미"라고 한다. 그래서 이 거스러미를 제거할 수 있는 "큐티클 니퍼"를 다이소에서 판다고 한다. 영상을 본지 얼마 안 돼서 아직 사진 못했지만 왠지 산다면 아주 유용하게 잘 쓸 것 같다.

지금도 보니 내 엄지손가락에 또 거스러미가 생겼다. 거슬린다.

마트 장 보는 날

홍서진

가끔씩 엄마가 주말에 마트 갈 때 따라간다. 심심해서 이기도 하지만 내가 먹고 싶은 것, 사고 싶은 것이 있을 때 설득해보려고 따라가는 것이 대부분이다. 엄마는 내가 마트를 따라간다 하면 의심의 눈빛을 보내면서도 따라가자 한다. 차 타고 마트에 가면서 주로 '사고 싶은 걸 어떻게 엄마를 꼬셔서 얻어내지?'를 생각한다. 드디어 마트에 도착한다. 엄마가 먼저 식품코너에 가는데 차라리 잘된 일이다. 장을 거의 다 본 다음 계산하기 전 2층에 생활용품 코너에 갔을 때 엄마를 꼬시면 되기 때문이다. 그런데 오늘따라 장보는 시간이 길어진다. 좀 심심하지만 엄마와 냉동식품 코너와 라면, 과자가 있는 통로에 가면서 시식하는 재미도 무시 못하니 괜찮다. 만두, 치킨 너켓, 새로 나온 시리얼, 스모크 리얼 햄, 주스 등등… 살짝 배부르다. 드디어 엄마가 장을 다 보고 2층에 올라간다. '말발'을 장전하고 엄마가 생활용품 코너에 갔을 때 스리슬쩍 내가 사고 싶은 만화책을 집어 온 다음 엄마한테 말해본다. 37초 토론이 시작되었다. 실패. 대신에 엄마가 학습만화나 역사만화를 예스 24시에서 사준다고 한다.

　음… 원하는 목표물을 얻지는 못했지만 그래도 학습만화도 꽤 재밌으니 괜찮다. 이 정도면.

　장을 다 보고 차를 탄다. 오늘 산 오레오 한 조각을 먹는다. 오물오물 참 맛나다.

고양이 집사가 되는 길

박준상

피곤할 때,

엄마한테 혼날 때,

기분이 안 좋을 때,

항상 귀여운 얼굴로 콩콩 뛰어온다.

보리는 2021년 4월 25일에 우리 집으로 온 고양이다.

특히 큰소리가 나면 쫓아온다. 우리 가족은 보리에게 '오지랖 대장'이라고 부른다.

나는 사실 고양이에 대해 아무것도 몰랐다.

보리를 처음 데리고 왔을 때 보리는 아기였다. 그래서 사료를 불려서 줘야 하는데 아무것도 모르고 그냥 줬더니 그다음 날 화장실에서 토를 했다. 아기 고양이에게는 사료를 불려서 줘야 한다는 걸 그때 알았다.

한 번은 보리가 우리 집 소파, 안마 기계, 침대를 다 긁었다. 소파를 천으로 덮고 스크래처를 사 주었다. 그러자 보리가 가구를 거의 긁지 않았다. 고양이에게 스크래처는 필수품인 걸 그때 알았다.

이후에도 알게 된 점은 이러하다.

고양이들은 아주 예민하고 깨끗한 동물이다.

고양이들은 그루밍(털 정리)을 스스로 한다. 그루밍할 때 건들면 물릴 수 있다.

고양이들은 창가를 좋아한다.

고양이들은 배변패드를 쓰지 않아도 된다. 고양이들은 고양이 전용 화장실에 모래를 깔아주면 볼일을 보고 자기가 알아서 덮는다.

고양이들은 츄르(고양이 간식)를 많이 먹으면 이빨이 썩는다.

고양이들은 또 꼬리를 잡아당기면, 다리가 마비될 수 있다.

...

고양이 집사의 길은 험난하다.

그래도 나는 행복하기만 하다.

Anyway, writers

인내심

신동현

우리 집에는 레고가 많다. 특히 미니 피규어가 많다. 우리 집 미니 피규어는 말없이 서있기만 한다. 허수아비 같이, 하루 이틀 1년 계속 서있기만 한다. 같은 표정으로 있다. 툭 치면 넘어진다. 하지만 세워 두면 묵묵히 다시 서 있다. 오늘도 묵묵히 서 있다. 인내심이 강한 녀석들이다.

빌고 또 빌어야겠다

최승민

나는 고층 아파트에 산다.

우리 아파트는 엘리베이터가 빠르고 좋은 대신, 단 한 가지 문제점이 있다.

그것은 바로 지진, 화재가 발생하면 그 빠른 엘리베이터를 쓰지도 못하고, 계단으로 걸어 대피해야 한다는 것이다.

52층에서 계단으로 로비층까지 걸어간다면 1시간도 더 걸린다. 계산상으론!

그래서 나는 지진, 화재, 쓰나미… 등의 자연재해가 일어나지 않도록 빌고 또 빌고…

아무튼 계속 빌어야 한다.

치느님

김혜준

    치킨은 맛있다. 치킨은 치킨 매장, 종류별로 맛이 다 다르다. 그만큼 맛있는 치킨들이 많다. 오늘은 내가 좋아하는 치킨과 치킨을 맛있게 먹는 방법을 말해보도록 하겠다. 가장 많이 먹는 치킨은 KFC, BHC, 굽네치킨이다.

1. KFC

KFC는 양이 적고 비싸지만 치킨 조각이 다른 치킨에 비해 크다. 메뉴가 많고 달달한 치킨들이 많다. 혼자 먹을 거면 추천한다.

2. BHC

BHC는 내가 가장 좋아하는 메뉴인 뿌링클 치킨이 있다. 뿌링클은 고기도 맛있지만, 가루와 소스가 제일 맛있다. 가루는 짭조름하면서 달고, 소스와 같이 찍어먹으면 아주 맛있다. 단 걸 좋아하는 사람에게 추천한다.

3. 굽네

굽네는 치킨을 튀기지 않고 오븐에 구운 치킨이다. 기름에 튀긴 치킨과 다르게 씹는 맛이 부드럽다. 다른 치킨은 많이 먹으면 속이 니글니글 거리지만, 굽네는 오븐에 튀긴 거라서 속이 니글거리지 않는 것이 제일 큰 장점이다. 그리고 소스들과 같이 찍어먹으면 한마디로 끝내준다. 그냥 추천한다.

다음으로 치킨을 맛있게 먹는 방법이다. (특히 3번을 가장 추천!)
1. 밥이랑 같이 먹기: 그냥 맛있다
2. 생라면이랑 같이 먹기: 와따(엄청) 맛있음!
3. 하루 종일 굶고 먹기: 최고로 맛있음.

유튜브 알고리즘

김혜준

　나는 오늘도 유튜브를 본다. 유튜브에는 참 이상한 영상들이 많다. 그런데 알고리즘이 추천해주는 영상 중에서 도대체 왜 추천해주는지 모르겠는 영상들이 있다. 남의 귀 파는 영상, 생크림으로 남 얼굴 날려버리는 영상, 벌레 구워 먹는 영상, 참 기괴한 영상들이 많다. 도대체 이런 영상은 누가 보는 거지? 왜 이런 영상을 올리는 것인지? 물론 내가 주로 많이 보는 주제를 추천해 주지만 "Shorts"는 한번 뜨는 영상을 보면 그 주제의 영상이 계속 나온다는 것이 문제다. 그리고 상관없는 영상들이 알고리즘에 뜨면 미리 보기 때문에 영상이 저절로 시청 기록에 올라가져서 그 영상 종류의 영상들이 계속 뜬다. 힘들어!

초능력자

한도현

12년을 살고 나니 깨달았다. 엄마는 초능력자인 것을. 이 글을 보는 사람들은 다 공감할 것이다. 몇 가지 경험을 말해보겠다.

한 번은 잃어버린 폰을 찾으려고 방을 다 뒤진 적이 있었다. 아무리 찾아도 나오질 않았고 마음은 조급했다. "엄마 저 폰 못 봤어요?" 말이 떨어지게 무섭게 엄마는 내 방에 오더니 폰을 단번에 찾았다. 나는 깜짝 놀라서 눈이 동그래졌다.

"엄마 어떻게 찾으셨어요?"

"딱! 보면 알지. 네가 어디에 놔두었는지 알겠던데"

나는 이때부터 엄마들에게는 '찾을 수 있는 능력'이 따로 있는 것이 아닐까 생각했다. 또 한 번은 친구와 싸워서 마음에 돌멩이가 한가득 차 있었다. 투덜거리면서 집에 들어오는 길에 엄마가 내게 건네는 말

"너 왜 기분이 안 좋아? 친구랑 싸웠니?"

"엄마 어떻게 아셨어요?"

"딱! 봐도 알겠다. 니 얼굴에 다 쓰여있어."

엄마에게는 '속마음을 읽을 수 있는 능력'이 따로 있는 게 분명하다.

엄마가 게임하지 말고 공부하라고 신신당부하며 외출하셨던 그날 나는 역시나 몰래 게임을 했다. "따르릉~" 엄마 전화다.

"엄마가 게임하지 말고 공부하랬지!"

가슴이 덜컥! 했다. 주위를 둘러보았다. 주위에 CCTV가 있는지 확인해야 했기 때문이다.

"엄마 어디서 보고 있어요?"

"네가 하는 행동은 뻔하다 뻔해. 게임하지 말고 공부해라! 좋은 말로 할 때."

"네… 알겠어요…"

엄마는 '내가 뭐하는지 볼 수 있는 능력'이 있는 게 확실하다

이런 경험 속에서 한 가지 드는 확신은.

엄마는 초능력자이다!

혹시 모른다. 전 세계 엄마들은 다 초능력자 일지도…

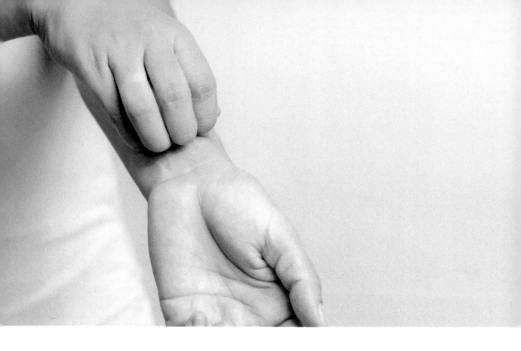

모기와의 전쟁

한도현

밤 10시, 모처럼 숙제를 마치고 일찍 잠자리에 들려고 침대에 누웠다. 우리 집의 모든 불이 꺼지고 나는 편안하게 잠에 들려고 하던 그 순간, 갑자기 윙윙 소리가 났다. 바로 모기였다. 나는 거슬렸지만 끝까지참았다. 하지만 모기는 내 귀를 돌면서 쉴 틈 없이 나를 괴롭혔다. 윙윙거리면서. 나는 할 수 없이 방 문을 닫고 불을 켜고 모기를 잡을 준비를 했다. 순간 내 옆에서 모기 소리가 들렸다. 그래서 나는 바로 모기소리가 나는 쪽으로 손바닥을 쳤다. 모기가 내 손을 피해 버려서 그대로 내 손가락은 벽에 부딪쳤다.

"아야 내 손바닥"

나는 내 손바닥을 이렇게 만든 모기한테 화가 부글부글 올라서 참을 수 없었다.

"모기 너 누가 이기는지 한번 겨루어 보자."

나는 모기를 잡을 려고 손바닥이 부을 정도로 열심히 쳤다.

이 모기 생각보다 세다. 그때 좋은 생각이 났다.

"그래 에프킬라를 가지고 와야겠어."

나는 바로 창고에 가서 에프킬라를 들고 와서 총 쏘듯이 열심히 쐈다. 그 결과 나는 승리했다. 모기가 내 피를 빨아먹어 통통하기까지 했다.

"나한테 패배한 모기야! 앞으로 까불지 마라"

나는 뿌듯한 표정을 지으며 다시 행복하게 잠자리에 들었다. 몇 시간 뒤…

아침에 일어났는데 너무 피곤했다. 모기 때문에 잠을 많이 못 잤기 때문이다.

그래도 아무튼 모기와의 싸움에서 내가 이겼다!

이게 중요하단 말씀.

파일 삭제 사건

정지원

    방에서 컴퓨터를 하고 있던 중에 엄마가 불러 저녁을 먹고 돌아오
니 내 컴퓨터 폴더 창이 지워졌다. 나는 가족들에게 물어봤다.

    "내 컴퓨터 만진 사람? 지금 말하면 용서해준다."

    역시나 정적만 흘렀다. 그러다 내 방에 발자국이 있었다! 왜냐하
면 그날은 대청소 날이었기 때문이다. 크기를 보니 형의 발자국 크기

와 비슷하다.

'이 명 탐정인 나에게 이런 건 애들 장난이라고!'

"형! 형이지?"

"형은 아까 저녁을 먹으라고 말해주기 위해 내 방에 왔다고!"

형은 아니다.

엄마는 청소기를 돌리기 위해 왔었고 그럼 아빠는? 순간 내 두뇌가
슈퍼 컴퓨터 급으로 돌아갔다.

'그래! 아빠는 청소 중 쫄보(고양이)가 들어온 걸 보고 데리고 나
가셨다.'

그럼 누구지? 그때! 내 눈에 포착된 건 고양이 발. 자. 국! 쫄보 발
과 비교해 보니 젤리 모양이 달랐다. 그럼 범인은? 냥스(고양이)다. 그
렇다. 냥스가 올라와 중요한 파일에 삭제 버튼을 발로 누른 것이다!
난 충격에 말도 못 한 채 멀뚱멀뚱 서 있었다. 처음으로 냥스가 악마
로 보였다…

그래도 어쩌랴! 냥스가 말귀를 알아듣지 못할 거고 그냥 미제의 파
일 삭제 사건을 해결한 것을 다행이라 여길 수밖에.

나는 늘 스마트폰을 본다

조윤서

나는 늘 스마트폰을 본다. 스마트폰을 본다고 해서 게임만 하는 것은 아니다. 검색도 하고 공부할 때도 찾아본다. 스마트폰에는 다양한 것들이 많다. 잡다한 정보도 많고, 생활지식도 있다. 금요일 저녁은 늘 행복한 시간이다.

침대에 누워 스마트폰으로 유튜브를 보고 있으면 꼭 사람들의 이

목을 집중시키는 '공짜로 돈 버는 방법!'이라는 영상이 하나쯤은 뜬다. 나는 별 기대 없이 '광고겠지…'라고 생각하며 영상을 클릭했다. 역시나 내용은 이 앱을 깔아서 코드를 입력하면 어쩌구저쩌구 하는 영상이었다. 광고 영상 감별사가 다 된 것 같았다. 그리고 든 생각 '세상에 공짜는 없다.' 나는 싫어요를 누르고 혼자 짜증 내며 영상을 나왔다. 짜증이 나서 내가 평소에 좋아하는 노래를 들었다. 노래를 들으니 화난 마음이 좀 가라앉았다.

그리고 나는 평소에 심심하면 하는 게임을 했다. 얼마 못 가 결국 질리고 말았다. 너무 심심해서 또 스마트폰을 들었다. 심심함이 행복을 선사해주기도 한다. 왜냐하면 심심할 때 혼자 집에서 이불 덮고 넷플릭스을 볼 때의 기분은 최고이기 때문이다. 공포 영화가 보고 싶어서 곤지암을 봤다. 더 이상 혼자가 아닌 기분이었다. 그리고 또 스마트폰을 본다. 매일매일 이 일상이 반복되는 것 같다. 나는 스마트폰이 없이는 하루도 살 수 없을 것 같다.

누나의 갤럭시 버즈

홍서진

Anyway, writers

누나가 얼마 전에 똥 폰에서 새 폰으로 바꿨는데 아이폰으로 바꿨다. 누나가 그전에 삼성 폰을 쓸 때 갤럭시 버즈란 것을 이어폰 대신 사용했다. 나도 컴퓨터 볼 때 가끔씩 써본 적이 있는데 이어폰과 다르게 귀에 착! 달려 붙는 느낌이 있어서 나도 추석 용돈을 받고 갤럭시 버즈를 사려고 했다. 이걸 사게 되면 내가 여유자금이 아예 사라져 버리는 거고 난 이어폰이나 버즈를 잘 쓸 일도 없으니까 그냥 안 사기로 했었다. 그런데 마침 누나가 아이폰으로 바꿀 때 갤럭시 버즈는 아이폰이랑 어차피 연동이 안 되고 또 누나가 그 버즈를 좀 오래 쓴 거라서 탐내볼 만했다. 누나 방에 슬쩍 들어가서 말했다.

"누나, 나 그 버즈 며칠만 쓰면 안 돼?" 단칼에 거절당했다. 자기 말로는 당근 마켓에 판다 하는데 한 달도 훌쩍 넘었는데 쓰지도 않고 책상 서랍에 있다.

내가 얘를 인수한다면 정말 잘 돌봐주고 아낄 수 있는데! 지금은 뭐 안 되겠지만 나중에 누나의 약점이 하나 잡힌다면 다시 한번 꼬셔봐야겠다.

양육

조은별

나는 너를 키우고 있어. 처음엔 목이 좀 징그러웠는데, 그래도 내 눈에는 귀여웠어. 네가 외로울까 봐 한 마리를 더 데려왔는데 4개월 뒤너의 친구가 그만 다른 세상으로 가버렸지. 나는 정말 하루 종일 울었어. 아빠는 그런 내가 안쓰러웠는지 두 마리를 더 입양해 왔지.

그러던 어느 날 아빠가 너를 비롯한 세 마리의 서든 페인티드를 바다에 보내자고 해서 얼마나 놀랐는지. 바로 거절을 했지만 나는 그때 아마 우리의 이별을 어느 정도 준비하고 있었나 봐, 우리 집에 강아지 한 마리가 입양되어 왔을 때 나는 선택을 해야만 했어.

너를 바다로 보내야 할지 말아야 할지. 강아지가 너한테 해코지를 할 수도 있고 내가 강아지한테 사랑을 더 많이 줄 수도 있고…

그래서 나는 너를 보내주기로 했어.

나한테는 정말 힘든 선택이었지만 그래도 해야만 했던 선택이었어.

나는 너를 키웠어.

지금도 가끔 바닷속에서 네가 잘 놀고 있을까 궁금해.

나는 야구를 좋아한다

최규민

나는 야구를 좋아한다.

나는 정말 야구를 좋아한다.

지금부터 나의 최애 야구선수를 소개해보겠다.

첫 번째로, 나는 이승엽 선수를 좋아한다. 이승엽은 한국 최초로 56

홈런을 쳤다. 그때는 2003년 10월 2일, 롯데 이정민이라는 투수에게 홈런을 날렸다. 고등학교 때 투수로 활약했지만 삼성 타격 코치 이승호 때부터 타자로 하기 시작했다. 1995년, 2할대의 타율을 보여주며 최악의 상황이 되었다. 하지만 4할 타자 백인천으로부터 왜가리 타법을 배워 홈런 타자로 되었다. 1998년 한때는 타이론 우즈와 홈런 경쟁을 하기도 했다. 그러나 홈런 2위를 기록했다. 그리고 그는 일본에 갔다. 일본에서 계속 부진해서 다시 한국으로 돌아왔다. 그리고 2016년에 600 홈런을 때려 역대 14번째로 달성을 했다. 나는 이런 이유들 때문에 이승엽은 나의 최애 야구선수이다.

두 번째로, 나는 류현진 선수를 좋아한다. 류현진은 제구력 구위 체력이 다 좋은 편이다. 그는 데뷔전에서 현대 유니콘스를 상대로 난타 당한 후 구대성에게 서클 체인지업을 배웠다. 서클 체인지업이 주 무기로 되어 류현진은 MLB로 진출하게 되었다. MLB에서는 서클 체인지업을 마지막 구로 사용해서 타자들을 삼진으로 잡았다. 그는 LA 다저스에 있다가 2020년 토론토 블루제이스로 팀을 옮겼다. 그는 팀을 옮긴 뒤, 가을 야구까지 갔지만 같은 팀의 타자들이 활약을 해주지 못해서 우승을 하지 못했다. 현재 류현진은 14승 10패 평균자책점은 4.37로 준수한 성적을 가지고 있다. 앞으로도 잘하기를 빌며 메이저리그를 보고 있다.

마지막으로, 나는 피렐 라 선수를 좋아한다. 2016년부터 2020년까지 삼성 라이온즈는 외국인이 부진하고 부상을 많이 당해서 방출, 또 방출, 계속 방출되었다. 그때 2021년 삼성 라이온즈는 피렐라라는 외국인 선수를 영입했다. 처음 개막전부터 우리 삼성 라이온즈는 4연패를 해서 올해도 안되는가 하는 생각이 들었지만 갑자기 4연패 이후 피렐라가 홈런도 막 때리고 주루도 열정적으로 하기 시작한다. 어떨 때는 홈런 1위도 기록했다. 너무 열심히 해서 나는 응원의 기쁨도 커지고 더욱 야구도 재미있어지고 있다.

마침 삼성 라이온즈는 피렐라 덕분에 2위를 기록하고 있다. 거의 6년 만에 순위권 안이라 정말 기뻤다. 나는 피렐라에게 해 주고 싶은 말이 있다.

"피렐라 선수, 끝까지 열심히 하고 꼭 우승합시다!"

나는 계속 피렐라를 응원할 것이다.

12살 인생에서 가장 큰 고민은

김지은

앞머리다.

나는 얼마 전, 앞머리를 잘랐다. 자르기 전에는 조금만 자를 생각이었다. 그런데 실전으로 들어가면 조금조금 자르다 결국은 처피 뱅이 되어버린다.

앞머리가 없으면 앞머리가 있는 친구들이 이뻐 보이고, 앞머리가 있으면 또 앞머리가 없는 친구들이 이뻐 보인다. 그건 그냥 얼굴이 이쁜 거라고 자기 합리화를 해도, 현타가 오는 것 같다. 하지만 뭐 얼굴은 나중에 의사의 손에 맡기면 되니까.

오늘의 나의 가장 큰 고민은 여전히 앞머리이다.

나뭇잎 이불

Anyway, writers

김지은

　나에겐 정말 정말 소중한 물건이 하나 있다. 그것은 바로 나뭇잎 이불이다. 나뭇잎 이불이 내게 소중한 이유는 이것은 나와 함께 약 7~8년을 함께 자온 이불이기 때문이다. 그러다 보니 나는 이것과 껌딱지처럼 겨울을 보내고 있었다.

　나의 겨울 집순이 취미는 나뭇잎 이불을 덮고 굴을 까먹으며 유튜브를 보는 것이다. 어쩌면 나뭇잎 이불이 나를 집순이로 키운 건지도 모르겠다.

　나뭇잎 이불과의 인연은 내가 서울에서 대구로 내려온 지 몇 년 정도 지났을 어느 겨울쯤, 할머니께서 이불을 정리하고 계셨을 때일 거다. 내 눈에 나뭇잎 이불 하나가 보였다. 정말 포근해 보였고 문양도 나름 그땐 이뻐 보였다. 나는 결국 그 이불을 할머니에게서 뺏어왔다. 언니도 함께 말이다. 언니와 내 이불을 구별하는 건 굉장히 쉬운 일이었다. 바로 이불의 3분의 2 정도에 줄이 그어져 있는데, 그 색깔이 나는 연두색, 언니는 빨간색이다. 그렇게 만난 이불은 지금도 겨울이면 떼놓을 수 없는 존재가 되었고 아직까지 함께 생활중이다.

　이 글을 쓰고 있자니 나뭇잎 이불이 보고 싶어 진다. 말 나온 김에 오늘도 나뭇잎 이불을 덮고 자야겠다.

언니

김지은

Anyway, writers

별명: 마늘쫑

주식: 초코 들어간 것, 고기

좋아하는 것: 노래 부르기, 춤 추기, 향수

잘하는 것: 사진 찍기 (하늘 사진)

생김새: 키는 아담한 편, 안경을 쓰고 머리는 어깨를 넘을 만큼의 길이

나의 언니는 마늘쫑이야. 나는 마늘쫑과 12년을 함께 살았어. 함께 오래 살아서 그런지 이제는 힘들 때보다는 위로받을 때가 더 많은 것 같아. 가끔은 친구보다 더 기댈 수 있는 것 같아.

아! 마늘쫑은 13살로 나보다 1살 많아. 가끔은 티격태격하며 싸우지만 또 가끔은 마치 우리가 원래 한 사람이었던 것처럼 죽이 척척 잘 맞지. 마늘쫑은 사교성이 좋아서 친구가 정말 많아. 친구들과의 모임 이름도 있어. 바로 "존예또쓰"야. 존예또쓰의 뜻은 "존* 예쁜 또라이 쓰레기"래.

마늘쫑은 초코가 들어간 것과 고기를 굉장히 좋아해. 마늘쫑은 삼촌을 닮아서 편식을 많이 하는 것 같아. 키는 나이에 비해서 좀 아담한 편이야. 147cm 정도? 하지만 괜찮아 요즘은 키작녀가 유행이니까.

마늘쫑은 사진을 사진작가 정도로 잘 찍어. 특히 노을이 지거나 맑은 하늘 말이야. 안 예쁜 하늘이라도 마늘쫑이 찍으면 살아나는 것 같아.

마늘쫑은 춤추기와 노래 부르기, 그리고 노래 듣는 것을 굉장히 좋아해. 암기력도 좋아서 가사를 다 외워. 그래서 가끔 그녀와 음악방송처럼 영상 찍기 놀이를 하지.

마늘쫑은 공부를 열심히 해. 공부를 열심히 해서 그런 진 모르겠지만 시력이 낮아서 안경을 써. 머리카락의 길이는 어깨를 넘는 정도야.

마늘쫑은 향수를 굉장히 좋아해. 그래서 항상 마늘쫑이 지나가는 길에는 향수 냄새가 나.

난 이런 그녀를 너무 사랑해.

사랑해 언니!

행복한 금요일

홍서진

Anyway, writers

난 토요일이나 일요일보다 금요일 저녁이 훨씬 좋다. 토요일 아침
에 일어나면 별 생각이 안 들지만 일요일 아침에 일어나면 '주말은 왜
이렇게 짧은가'란 생각을 하고 일요일 저녁이 되면 만사 귀찮아지고
월요일 아침이라는 단어가 내 머릿속 깊숙하게 자리 잡고 있기 때문
이다. 이런 이유로 난 금요일 저녁이 제일 좋은데 6~7시쯤에 수학학

원을 마치고 집에 올 때면 웃음이 절로 나온다. 머릿속에서 선생님이 숙제를 너무 많이 내줬다는 생각은 온데간데 없어지고 먹을 생각, 놀 생각만 가득하다. 보통 수학 학원 가는 날은 학교 다녀와서 컴퓨터나 폰을 안 보고 수학 숙제한 것 중에 몇 장 남은 거 마저 끝내는 편이다. 하지만 금요일 저녁에는 게임도 좀 할 수 있고 밤에는 씻고 TV를 마음껏 볼 수 있다. 오늘은 더 기분이 좋은 게 엄마한테 오늘 저녁 메뉴가 뭐냐고 물어봤는데 샤부샤부라고 했기 때문이다.

침입자

김민서

오늘도 다른 날처럼 텃밭에 물을 주려고 땡볕인데 나왔다. 아… "민
지(가명)야, 우리 언제까지 물을 줘야 돼? 굳이 2명이 나와야 하나?"
라고 말했다. 그러자 민지는 "너는 잡초 뽑고, 나는 물을 줘야 해."라
고 논리적으로 말했다.

무거운 물뿌리개를 들고 민지가 우리 모둠 텃밭에 물을 듬뿍 주었

다. 우리 모둠 텃밭에는 당근, 무, 감자, 강낭콩을 키웠다. 나는 잡초인 줄 알고 뽑았는데, 무였다. 민지에게 들키지 않으려고 다시 심는 중에 민지가 나를 봤다.

"야!" 나는 깜짝 놀라서 텃밭에 엉덩방아를 찍을 뻔했다. 나는 빨리 이 일을 수습하려고 사과를 했다.

"미안해… 잡초인 줄 알았어."

"일주일 동안 네가 나와 함께 잡초를 뽑아."

민지는 조건을 걸고 흔쾌히 용서해 주었다. 다음날 민지와 약속 때문에 또 텃밭으로 나왔다.

"뜨헉!" 민지가 텃밭을 보자마자 소리쳤다. 나도 서둘러 민지가 있는 곳으로 뛰어갔다. "헉!" 나도 모르게 소리쳤다. "텃밭이…"

민지가 서둘러 교실로 뛰어갔다. 나도 민지를 따라갔다. 민지는 교실 안에 가자마자 "누가 텃밭을 망쳐놨어?"라고 소리쳤다. 그리고는 1모둠인 개똥이와 길동이(가명)를 째려보았다.

"너희가 그랬지?" 나도 그렇게 생각했다. 왜냐하면 1모둠 텃밭만 멀쩡했고, 개똥이와 길동이는 평소에도 장난기가 많았기 때문이다.

개똥이와 길동이는 자신들은 모르는 일이라는 듯 "뭐?" 하고 되물었다. 민지가 텃밭 상태를 설명하자 길동이와 개똥이 포함 반 아이들 모두는 다 텃밭으로 뛰어갔다. 반 아이들은 1모둠 텃밭만 멀쩡한 것을 보자 분노했다.

"야! 딱 봐도 너희가 한 게 맞네. 쌤한테 다 이를 거야." 짜증이가 말했다. 짜증이는 자기 모둠의 텃밭을 보고 다시 길동이를 째려봤다. 짜증이도 민지처럼 텃밭에 식물을 정성을 다 해 키웠다. 반 친구들은 다 텃밭의 상태를 확인하고, 교실로 뛰어갔다. 짜증이는 선생님이 오기를 기다리고, 길동이와 개똥이는 자신들이 아니라고 항의했다. 선생님이 오자 민지와 짜증이가 동시에 "길동이랑 개똥이가 텃밭을 망쳐 놨어요!"라고 말했다.

"응?" 선생님은 이해가 안 된다는 듯 반응을 했다. 그러자 민지가 텃밭의 상태를 다시 설명해 줬다. 길동이와 개똥이는 억울해했다. 착하신 선생님께서는 이렇게 말씀하셨다.

"아직 증거가 없으니 길동이와 개똥이를 의심하지 말자. 작은 새거나 어린 친구들일 수도 있잖아…"

(역시 선생님… 나도 크면 선생님처럼 되고 싶다.)

다음날 아침 텃밭의 상태가 궁금해서 민지를 따라갔다. 충격적이었다. 1모둠인 길동이와 개똥이의 텃밭도 무언가에 밟혀 엉망으로 되어 있었다. 그것을 본 민지는 속 시원하다는 듯 피식 웃고 물만 주고 바로 교실로 갔다. 나는 순간 민지가 복수를 위해 이런 짓을 한 것일까?라고 생각도 했지만 민지가 그럴 리는 없다고 확신했다. 나는 도대체 누가 이런 짓을 하는지 궁금했다. 길동이와 개똥이도 자신들의 텃밭을 보고는 슬퍼하긴 마찬가지.

수업시간이 끝나고, 우리는 급식을 먹으러 갔다. 급식실로 가려고 계단을 내려가는데, 까치 떼가 우르르 몰려와서 우리의 작물을 마구 밟고 있었다. 우리 반 친구들은 분노하면서 소리쳤다. 그것을 본 선생님은 "어떻게 하면 까치로부터 우리 작물들을 보호할 수 있는지 생각해보자꾸나… 물론 다시 작물들은 심으면 되고…"

아… 텃밭을 지키는 것은 생각보다 어려운 일이다. 세상에 쉬운 일이 없다.

토요일은 행복하다

한우주

토요일이면 나는 농구수업을 다녀온다. 한바탕 운동을 하고 나면 너무 배가 고파진다. 집에서 빨리 먹을 수 있는 건 라면이랑 햇반이 최고다. 그래서 나는 거의 매주 토요일은 라면이랑 햇반을 먹는다. 엄마는 건강에 나쁘다면서 계속 혼을 내지만. 나는 라면이 너무 좋다.

라면을 만든 사람이 궁금하다. 완전 천재다. 어떻게 이렇게 맛있는 것을 만들었는지 그저 신기할 따름이다. 라면 먹는 토요일이 가장 행복한 날이다. 빨리 토요일이 오면 좋겠다.

에세이

김정민

나는 스스로 잘한다 생각하고 있었다.

다른 애들의 글을 보기 전까진.

다른 애들 글을 본 후로는 생각이 바꼈다.

나는 명함도 못 내민다.

너무 슬프다.

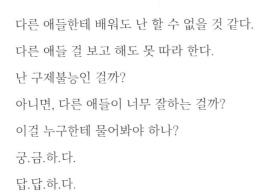

다른 애들한테 배워도 난 할 수 없을 것 같다.

다른 애들 걸 보고 해도 못 따라 한다.

난 구제불능인 걸까?

아니면, 다른 애들이 너무 잘하는 걸까?

이걸 누구한테 물어봐야 하나?

궁.금.하.다.

답.답.하.다.

축구

이찬호

대회 때문에

나는 축구를 좋아한다. 이유를 막론하고 방과 후 축구를 가지 못하는 건 용납하지 못한다. 그런데 얼마 전 창의력 경진 본선 대회가 하필 토요일이었다. 아 난감하다. 하지만 어쩔 수가 없다. 대회는 오늘 하루뿐이니 방과 후 축규를 포기할 수밖에 없었다.

한글날 때문에

하필이면 오늘이 한글날이다. 저번 주도 대회 때문에 방과 후 축구를 가지 못했는데 오늘도 못 간다면 이건 인정할 수 없다! 월요일에 대체 공휴일을 하면 토요일은 공휴일을 하면 안 되지! 한글날이 마음에 안 들기는 처음이다.

축구 때문에

유치원을 한창 다니던 7살 축구에 처음 축구공을 찼다.

"세상에 이렇게 재미있는 게 있다니."

그 이후 매주 수요일마다 축구공을 뻥뻥 차고 친구들이랑 노는 시간이 허락되면 "야 축구하러 가자"라며 유치원 옥상에서 축구를 했다.

그 후 학교를 입학을 하면서 아주 좋은 수업을 발견했다. 그건 바로 방과 후 축구이다.

"이야 학교 입학해서도 축구를 할 수 있겠네!"

매주 토요일마다 진행하는 축구 수업을 신청했다.일주일에 한 번으로 만족하지 못한 나는 엄마에게 축구 수업을 하는 곳에 더 보내 달라고 하였지만 엄마는 끝내 축구 수업을 보내주지 않으셨다.

그래서 나에게는 지금 이 방과 후 축구 수업이 더 소중할 수밖에 없다. 나는 매주 토요일방 과 후 축구 수업을 통해 최대한 축구공을 뻥뻥 차고 있다.

축구 때문에 '소중함'이 무엇인지 알게 되었다.

내 소중한 친구, 폰

김민서

1. 폰 처음 받은 날

짜잔! 캐나다에서 살다가 한국에서 와서 아빠는 새 폰을 사주셨다.

심지어 폴더 폰이 아닌 스마트 폰.

정말 날아갈 것 같았다. 아빠는 내가 하지 말아야 될 것을 찬찬히 설명해 주셨다.

하지만 나의 온 정신은 이미 폰에 팔려 있었다. 아빠의 폰 사용법을 대충 요약하면 이러하다.

유튜브나 게임은 허락 맡고 해야 되고, 함부로 앱을 깔면 안 된다는 것!

아빠는 나를 아직 초등학교 1학년으로 보신다.

그 당시 나는 4학년인데 몇 개의 앱도 아빠 앞에서 깔았다. 폰으로 사진도 찍어보고. 아마 그날이 태어나서 가장 기뻤던 날이었지.

"와 나도 내 폰이 생겼당!" 나는 학교, 성당 친구들에게 내 새 폰을 자랑했다. 친구들이 "축하해!", "대박!" 이런 반응이 나오면 저절로 입꼬리가 순식간에 올라간다.

2. 폰 교체

스마트폰을 1년 즈음 지나니 이제 지쳤는지 거북이처럼 로딩 시간이 길어졌다. 게다가 배터리는 10분 쓰면 다 없어진다. 그래서 아빠는 새 폰을 사주기로 했다. 와! 결국은 중고폰을 사주셨지만 예전보다는 괜찮아 보였다. 예전 폰에 대한 아쉬움? 음… 하나도 없고 마냥 좋기만 했다.

3. 폰에 입은 심한 상처와 수술

새로 산 폰이 얼마 안가 조금이 아니라 심한 금이 났다. 폰 케이스를 벗길 때 알게 되었지만, 봤을 때 너무 짜증 나고, 화가 나고, 슬펐다.

아무튼 다급히 아빠한테 가서 말했다.

"아빠! 아빠! 나! 좀 봐! 보라고! 내 폰 박살 났어!"

"네가 떨어뜨렸으니까 그렇지… 에휴… 폰 바꾼 지 얼마 되었다고!… 앞으로 조심해"

그러더니 조심스레 테이프를 붙여 주셨다. 나는 아빠가 테이프를 붙일 때 "더 오른쪽!", "더 왼쪽!" 이렇게 소리 지르면서 안절부절못했다. 결국 아빠 폭발했다.

"좀 조용히 해! 네가 깨 먹었으면서 그냥 조용히 있어!"

"칫… 언니가 깨먹은건데…"

궁시렁 거리며 나는 조용히 있을 수밖에 없었다. 그 당시 나는 받은 만큼 되돌려줘야 적성이 풀리는 언니가 내가 언니 폰 떨어뜨렸을 때, 복수를 위해 일부러 내 폰을 떨어뜨려서 금이 가게 한 거라는 오해를 하고 있었다. 지금 생각해보니 내가 이층 침대 위로 폰을 들고 몰래 들키지 않게 올라가다가 발을 헛디뎌서 폰이 뒷면으로 떨어진 것이 원인이었던 거 같다. 아무리 아니라고 해도 안 믿었는데 괜히 언니한테 미안한 마음이 든다.

4. 현재

나는 현재 폰을 엄청 조심히 다루고 있다. 친구들과 소통, 숙제를 위한 자료 검색, 게임, 유튜브 (허락받고), 알람, 사진 찍기 등, 폰은 나한테 이런 것들을 해주고 나에게 행복감을 주고 있는데 나는 그냥 폰에 금이 가게 하고 있으니 너무 미안할 따름이다. 이 똑똑하고 소중한 친구를 좀 더 조심하게 대접하고 귀하게 다루어야겠다.

초록색

박시안

내가 가장 좋아하는 색은 초록색이다.

우리에게 산소를 나눠주는 나무도 초록색이고 넓은 잔디밭도 초록
색이다. 그리고 맛있는 키위와 내가 좋아하는 샤인 머스켓도 초록색
이다. 초록색을 보면 마음이 편안해진다.

만약 하늘이 초록색이라면 어떨까? 넓은 잔디밭에서 초록색 하늘
을 보면 그보다 더한 행복은 없을 것 같다.

Anyway, writers

로블록스에서 내가 많이 하는 게임 Top 5

김정민

5위는 바로바로 "Punch Simulator"

이 게임은 무엇이냐, 주먹을 강하게 만들고 벽을 뚫어 강해지는 게임이다.

장점: 중독성이 너무 좋고 재밌고, 스트레스가 확 풀린다.

단점: 노가다가 너무 필요하다.

4위는 바로바로 "Funky Friday"

이 게임이 왜 4위냐 하면 리듬 게임이기 때문이다.

장점: 리듬 게임 중에서도 거의 가장 좋은 스릴감이 넘치고, 느 낌도 좋다. 아이템으로 강해지는 성분이 없어 초보들도 쉽게 할 수 있다.

단점: 이 게임은 벌써 한계에 다다랐다. 그래서 모두 고인물이다. 예전에는 없었는데 지금은 엄청 많다. 한계치를 올라온 고수들은 거의 다 게임을 접기 때문에 이것이 한계이다.

3위는 원피스의 저작권을 먹거나, 로벅먹튀를 한다는 그 게임! "Roblox King Legacy" 먹튀까지 하는데 도대체 왜 3위냐, 말 그대로 재밌기 때문이다.

장점: 레벨 업이 쉽고, pvp도 강화되어 있고, 끌 수도 있다. 그 래서 pvp를 하고 싶은 분만 pvp 하고 안 하고 싶으면 락을 걸면 된다.

단점: 제작자가 너무 막 나간다. 갑자기 보스가 떴는데 게임을 끈 사건을 보면 알 수 있다. 경험해봤는데 보스를 눈앞에서 놓치니 마음이 아프다.ㅠ. 그리고 제일 안 좋은 건 버그이다. 핵은 안 처리하고, 좋은 버그들만 처리한다. 빨라지는 버그가 좋은데 패치, 핵들한테는 "잘 노세요" 하는 기분이다.

2위는 현질러가 많다는 그 게임 하이 픽셀에 전설의 게임을 베낀 그 작품! "Bed Wars"

많은 사람들이 나쁜 전쟁이라 부릅니다. 이름으로만은 아니고, 다른 의미로도 부릅니다.

장점: 정말 재밌고, 배틀 패스를 열면서 재밌게 플레이 할 수 있다.

단점: 수없이 많은데… 핵 쟁이들이 너무 많다. 내가 만난 핵을 설명해보자면, 스피드핵, 장비 착용 핵, 즉사 핵, 자동 블록 핵, 침대 원콤핵 등등 너무 많아서 게임을 폐쇄하고 싶다.

대망의 1위는 "All Star Tower Defense"

말 그대로 방어형 게임이다. 되게 방어가 쉽고, 고인물이 되기도 쉽다.

장점: 게임이 되게 훅훅 나가고, 어쨌든 간에 많은 사람들이 즐 거워한다는 사실이 입증되었다.

단점: 사기가 많다. 처음에 고인물한테 좋은걸 받아도 더 좋은 걸 준다면서 엄청 안 좋고, 룰렛 사기도 가끔 있다.

아무튼, 작가

Anyway, writers

아무튼, 작가
Anyway, writers

"햇반 작가들의 진심을 담은 에세이"

2부

너의 오늘은
안녕하니? ☆

그럼에도 현재를 즐겨야 하는 12살

Anyway, writers

김수영

어린 시절은 생각만 해도 달콤하다. 뭘 조금만 해도 칭찬받고 예쁘다고 해주고 놀려도 꽤 많이 갔다. 내가 어떻게 숨을 쉬지? 내가 보고 있는 것이 맞나? 안 보이는데 보이는 건 아닐까?라며 궁금한 것도 참 많았다. 심지어 숨 쉬는 것까지도 재밌었다. 내 주위 사람들이 나를 도와주고 나를 사랑해 주는 게 느껴졌다. 내가 춤추면 예쁘다고 사진 찍고 밥을 잘 먹어도 대견하다며 밥을 더 줬는데 지금은 층간소음 난다고 아무것도 하지 말라 한다. 예전에는 엉뚱한 상상을 하는 나에게 어른들은 웃으면서 잘 설명해 줬지만 지금은 세상에 그런 사람은 없다고 미쳤냐고 한다.

　일찍 자고 아침 일찍 상쾌하게 일어났던 기억은 6년 전이 마지막이다. 지금은 공부 때문에 6시간밖에 못 자고 많이 자도 상쾌하지 않다. 그냥 공부만 없어도 이런 일은 없었을 텐데. 어렸을 때 엄마는 공부도 같이 봐주면서 틀리면 바로바로 알려줬다. 하지만 요즘 엄마는 내가 학교에서 3시간 30분, 학원 6시간 40분, 과외 1시간 하는 게 쉬워 보이나 보다. 내가 힘들어서 조금만 쉬어도 공부 안 한다며 한숨쉬고… 솔직히 말해서 쉬면 다 못할 양이 맞긴 하다. 집에서 따로 푸는 문제집에 학원 숙제 등등 이 모든 걸 다 하기엔 쉴 시간은 없다. 그날 해야하는 숙제만 다해도 새벽 1시가 된다. 그러니까 잠을 자도 상쾌하지 않지… 예전에도 공부를 좋아하지는 않았지만 다하면 뿌듯하긴 했는데 지금은 어렵고 해도 해도 끝이 없다.

　'그래도 과거로 돌아갈 순 없으니 현재를 즐기면서 살아야 한다.' 라고 위로해본다.

고달프게 지나간다

조윤서

공부를 하려고 책을 펴면 눈 앞이 하얘진다. 꿋꿋이 참고 공부를 시
작하면 잠이 밀려온다.

잠이 오면 알던 문제도 머리가 초기화되는 백지상태.

잠을 깨려고 폰을 들면 어느새 내 정신은 말똥말똥.

스마트폰을 하다 시간을 보니 어느덧 저녁 9시.

부랴부랴 공부를 시작해 몇 시간 뒤 시계를 보려고 잠시 스마트폰을 보면 그 때 들어오는 엄마.

"지금 시간이 몇 신데 폰이나 보고 있어? 빨리 숙제해!"

억울해서 공부할 마음도 없어지고 애꿎은 지우개만 만지작만지작.

딴짓하다가 문득 시간을 보면 곧 내일이네.

그렇게 오늘도 고달프게 지나간다.

금요일

김수영

　언제나 똑같이 학교 갔다가 학원, 공부하고 학원… 그냥 똑같은데 사람들은 왜 금요일을 좋아하는지 모르겠다. 내일이 주말이어서 그런가? 아니면 그냥 금요일이 좋은 것일까?

　늦게 잘 수 있어서 좋다고 하는 사람들이 있다. 나처럼 밤늦게까지 365일 공부만 하면 일찍 자고 일찍 일어날 수 있다는 게 얼마나 축복

된 일인지 알 것이다. 일찍 자는 게 좋은 거 아닌가.

금요일에는 재미있는 예능 프로그램을 한다고? 나처럼 텔레비전 볼 시간도 없이 공부하면 다 부질없다. 그냥 거실에서 텔레비전 소리가 들리면 보고 싶기만 할 뿐 아무 도움이 되지 않는다.

어제와 다를 바 없는 금요일이다.

보람찬 하루

홍서진

난 수학학원에서 숙제 내는 시간이 제일 싫다. 요즘 선생님이 숙제를 너무 많이 내주시기 때문이다.

학원 교과서 3장, 문제집 5장 틀린 거 고쳐오기!

어떤 사람에겐 적다고 느낄 수도 있겠지만, 마치 밀도가 높아서 한입만 먹어도 목이 맥히는 같은 문제집을 보면 한숨만 나온다. 그러나 어쩌랴, 안 해가면 혼나고 그날 숙제가 2배가 될 수도 있다는 사실을 알고 있는 나는 오늘도 문제집 풀기를 시작한다. 째깍째깍… 시간은 흐른다. '아이고 시간 참 안가네… 그래도 반 정도 했다. 조금만 쉬었다 해야겠다. 유튜브 조금만 보다 할까? 아직 잘 시간도 많이 남았고 이 영상길이가 10분 57초니까 이것만 보다 하면 숙제도 넉넉하게 끝낼 수 있고 내 뇌에 휴식시간도 줄 수 있을 거야. 이상하다. 숙제할 때는 1분이 5분 같더니 유튜브 볼 때는 1분이 10초 같다. 벌써 10분 57초가 지났다. 흐음… 엇? 내가 좋아하는 유튜버 "1분만"이 영상을 올렸네? 이 유튜버의 영상 길이는 1분밖에 안되니깐 이것만 보다 하자. 이것도 내가 궁금해했던 건데… 이것만… 또 이것만… 결국 엄마의 잔소리를 듣고 나서야 숙제를 시작할 수 있었다. 밤 11시, 우여곡절 끝에 숙제를 끝냈다. 참으로 보람찬(?) 하루였다.

단원 평가

이형민

단원 평가를 언제나 100점 받을 수는 없다. 왜냐하면 문제가 어렵거나, 쉬우면 쉽다고 방심하기 때문이다. 그래서 계속 집중해야 한다. 그래도 실수로 틀리고 만다. 가끔 운이 좋으면 100점 맞을 수 있다. 하지만 계속 100점 맞을 가능성은 거의 없다. 쓴 맛은 늘 보게 된다.

중학생이 되면 100점은 더욱 그림의 떡이다. 문제는 더욱 어려워질

거고 실수를 더 많이 할 수밖에 없다. 전교 1등은 거의 100% 100점을 맞는다는데… 그래서 어릴 때부터 열심히 공부해야 한다.

인생에 쓴 맛을 보지 않기 위해 열심히 공부를 해야 된다.

당장 내일 치는 수학 단원평가부터 쓴 맛을 보지 않기 위해 나는 공부를 해야 한다.

해야만 한다.

해야 되는 거지?

대한민국에서 학생으로 산다는 것

최규민

대한민국에서 학생으로 산다는 것이 너무 힘들다. 특히 대구 수성구에 살고 있어서 더욱 힘들다. 수성구가 전국에서 2등으로 공부를 많이 하는 곳이라는 것은 이미 모두가 알고 있는 사실이다. 1등은 아마도 강남 대치동이다.

어릴 때는 별로 인생이 힘들다 느꼈던 기억이 없는데 계속 크다 보니 사는 것이 더 힘들어진다. 에휴.

부모님은 항상 이렇게 말씀하신다.

"어릴 때 공부를 많이 하면 커서 안 힘들어지고, 어릴 때 공부를 많이 하지 않으면 커서 힘들어진다"

나는 항상 숙제할 때, 공부할 때 이런 말을 듣는다. 커서 힘들어지지 않으려고 열심히 공부를 하고 있다.

어릴 때 공부를 많이 해야 나중에 안 힘들어지는 게 맞긴 한 건지… 나도 궁금하긴 하다.

미안하다, 책!

신동현

책은 우리에게 많은 것을 알려준다.

지식, 문화, 역사 등 많은 것을 알려준다

좋은 책을 보면 글도 잘 쓸 수 있고 지식도 많아진다.

책은 정말 중요한 것이며 많이 읽어야 한다.

하지만….

나는 책을 보면 항상 이런 생각밖에 들지 않는다.

"미안하다."

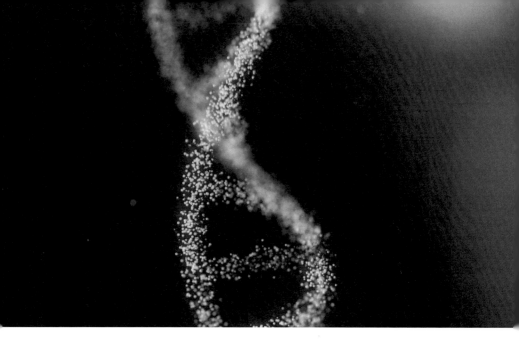

진짜 진짜 궁금한 한 가지

한도현

　나는 옛날부터 진짜 진짜 궁금한 게 딱 하나 있다. 그것은 바로 뇌 유전자이다.

　옛날부터 나는 엄마, 아빠에게 모든 유전자를 다 물려받았다고 생각을 했다. 왜냐하면 얼굴은 엄마, 아빠 닮아서 잘생겼고(?) 몸도 아빠 닮아서 어깨도 넓고, 아빠, 엄마 닮아서 잘 먹기까지 하고 건강하다.

그런데 도대체 왜! 뇌 유전자는 물려 못 받았는지 진짜 이해를 하려야 할 수가 없었다. 엄마는 어릴 적 공부를 진짜 잘했다 하시고 아빠도 공부를 잘하셨다고 한다. 심지어 형아도 똑똑하다. 그런데 나는 공부를 못한다. 이러한 사실을 느낄 때마다 짜증 나고 속상하다.

그래도 언젠간 나도 엄청 똑똑해지겠지? 유전의 힘은 강력하니깐.

초딩의 서러움을 알아?

이세빈

초딩의 서러움을 알아? 어?

가게 심부름 가면 나한텐

"뉘. 이렇게 해 드려요?"

어른 손님들한테는

"네에. 손님 이렇게 해 드릴까용?"

아주 굽신 굽신 온도 차이가 많이 나서 어이가 없다. 요즘에는 아파트에서 이웃 어른을 만나서 인사를 해도 눈길조차 주지 않는다. 당연한 듯이 핸드폰 하면서 어 그래 라는 말도 안 해준다. 무슨 어른이 저래?

아 맞다! 교육청은 이제 도덕 내용을 바꾸어야 돼요! 원래는 엘리베이터를 탈 때는 안에 탄 사람들이 내리고 난 후 기다리는 사람들이 타야 한다고 배웠어요. 근데 요즘은 안 그래요. 안에 초딩들이 있으면 어른들은 기다려주지도 않고 먼저 타버려서 초딩들은 눈치껏 내려야 해요. 어때요? 초딩들의 무시당함이? 맨날 이렇게 사는 불쌍한 우리들.

제발 무시 좀 하지 마세요.

코로나

조윤서

코로나의 시작

2019년 12월쯤 우리에게 찾아온 바이러스, 코로나. 나는 코로나가
처음 발생했을 때의 기억이 아직도 생생하다. 여느 때와 같이 나는 거

실에서 티비를 보고 있었다. 그런데 갑자기 티비에서 우한 폐렴, 코로나 등의 단어가 들려오기 시작했다. 나는 당연히 그것들이 무엇인지 몰랐고, 엄마에게 물어보았다. 엄마는 심각한 표정으로 바이러스가 퍼졌다고 설명해주었다. 2년 전의 나는 '코로나? 메로나도 아니고 코로나는 뭐지?'라는 생각으로 대수롭지 않게 여겼다. 그 뒤로 찾아올 어마 무시한 후폭풍은 모른 채 말이다.

마스크와 확진자

어느 날, 엄마가 나에게 마스크를 쓰자고 말했다. 그때까지만 해도 나는 감기 같은 가벼운 바이러스인 줄로만 알아서 마스크를 쓰다가 학교에서 벗었다. 마스크를 쓰고 있는 것이 너무 답답해서 친구들도 한두 명을 제외하고는 모두 마스크를 벗었다.

2020년 1월쯤 국내에도 코로나 확진자가 나왔다는 소식이 전해졌다. 나는 '코로나가 뭐 대수라고 난리를 치지?'라고 생각했다. 하지만, 그것은 나의 착각이었다. 하루에도 몇 백 명씩 쏟아지는 확진자들로 인해 나는 정신을 차렸다. 사실 그때도 사망자는 없었기에 금방 낫는 병인 줄 알았다. 하지만, 그것 또한 나의 착각이었다. 뉴스에서는 눈 깜짝할 새에 새로운 확진자에 대해 보도했고, 확진자에 이어 사망자까지 나왔다. 사망자가 나오는 순간, 나는 정말 사태의 심각성을 실감했다.

휴교와 온라인 수업

확진자와 사망자들이 쏟아지는데 학교를 다닐 수는 없었다. 그리고 하필이면 우리 지역인 대구에 코로나가 심하게 퍼졌다. 사람들은 갑작스러운 상황에 혼란에 빠져 마땅한 방안을 내놓지 못하고 전전긍긍했고, 그 때문에 우리 학생들은 학교에 가지 않고 몇 개월간의 휴식을 취했다. 꿈 같지만 마냥 좋아할 수는 없었던 시간들이 지나가고 교육청에서는 온라인으로 수업을 하라고 했다. 우리는 온라인으로 수업을 듣고, 온라인으로 친구를 만나고, 온라인으로 학원을 갔다. 온라인 수업을 하다가, 갑자기 선생님께서 홀수 번호와 짝수 번호를 나눠 등교하라고 하셨다. 오랜만의 등교에 설렘과 걱정이 밀려왔다.

사람들의 생활

몇 개월 뒤 사람들은 코로나가 아주 조금, 아주 조금 잠잠해지자마자 밖으로 나가 돌아다니기 시작했다. 그것 때문에 확진자는 배가 되었고, 사람들의 비난이 쏟아졌다. "누구는 밖에 나가지도 못하는데, 나가서 돌아다니니까 확진자가 나오는 것이다"라고 말이다. 나도 그 말에 백번 천 번 동의하지만, 사람들은 말을 귓등으로도 듣지 않고 돌아다니다가 확진이 되면 안 돌아다녔다고 발뺌한다. 그런 사람들을 보면 정말 화가 난다. 나는 '어차피 동선 조사하면 다 나오는데, 왜 굳이 발뺌하는 거지?'라는 생각이 든다. 길거리에도 패션 마스크 대신 의료용 마스크가, 일반 물티슈 대신 소독 물티슈가, 핸드크림, 로션보다 손소독제가 더 흔해졌고 코로나 예방에 도움이 된다는 온갖 이상한 민간요법들이 등장했다.

한결 나아진 사람들의 생활과 일상

또 몇 개월 뒤, 새 학기부터는 전면 등교가 실시되었고, 속박되었던 사람들의 생활도 조금 나아졌다. 아직 마스크를 벗거나 해외를 다닐 정도는 아니지만, 한결 생활이 편해졌다. 몇 년 동안의 친구, 마스크만 빼놓고서 말이다.

백신 개발

뉴스를 보다가, 기쁘고 놀라운 소식이 들려왔다. 백신이 개발되었다는 소식이었다. 처음에 나는 백신의 이름이 참 요상하다고 생각했다. 아스트라제네카는 이름만 너무 긴 느낌이었고, 화이자는 아줌마 느낌이었다. 아무튼, 백신을 맞은 엄마는 엄청 아팠다. 그래서 누워만 있었다. 그래도 이제 정말 다 끝인 줄로만 알았다. 하지만 어림도 없지, 백신을 맞았음에도 불구하고 백신 접종자 중 확진자가 나오기 시작했다. 코로나는 계속 모양을 바꾼다는데, 과연 백신이 효과가 있을까 싶기도 했다. 변이 코로나도 나오고, 여러 변이들도 현재 진행형으로 나오고 있다. 지금 이 순간에도 확진자가 나오고, 바이러스가 이동되고 있다. 우리 어린이들이 백신을 맞을 때쯤이면 코로나가 종식되어서, 아니 종식되지 않더라도 감기같이 금방 낫고 금방 치료할 수 있는 바이러스가 되어 있으면 좋겠다.

호랑이

김민서

밤 10시, 영어학원에서 재시 걸리고 나서 집으로 돌아온다.
하지만 꼭 통과해야 하는 우리 집 현관문.
항상 아무렇지 않게 문을 열고 들어가지만 이번은 다르다.
엄마, 아빠는 회식에 가고 집에는 아무도 없다는데…
그래도 공포가 온몸에 타고 흐른다.

떨리는 손으로 띡띡띡 띡띡 띡띡띡…… 띠이이, 띠로리!

그리고 문을 열고 괜히 큰 소리로 말한다.

"있는 거 다 아니까 빨랑 나와. 하나도 안 무서워."

그런데 다시 들려오는 소리

"뭐래! 그냥 빨리 들어오고 밥 먹기나 해! 누가 재시를 40분 동안 치냐! 어! 내 말이 틀렸어?"

무섭다… 걸어오는 데 걸린 시간 빼면 25분이라고 말하고 싶었지만 못 했다.

역시 우리 집 호랑이, 언니는 아직 집에 있었다.

삼총사

김민서

나는 일주일에 한 번씩 삼총사들에게 물을 준다. 물만 주는데 삼총
사에게서 많은 것을 받는다. 삼총사들을 보면 스트레스가 싸악 날아
가는 것처럼 편안해진다. 단어를 안 외우고 숙제를 덜 끝냈을 때는 걱
정이 사라지고 나는 할 수 있다고 생각하게 된다. 엄마 잔소리 때문에
짜증 나고 화날 때 나에게 평화를 준다. 사춘기인 언니가 소리 지를 때

삼총사를 보면, 소리 지르고 싶은 마음이 조금씩 사라진다. 그냥 뿌듯하다. 삼총사들은 내 이야기에 온전히 귀 기울여서 들어준다.

오늘도 삼총사는 나에게 뭐라고 말은 건넨다.
다만 내가 못 알아들을 뿐 아무튼 삼총사가 나에게 많은 것을 주는 것만은 확실하다.

지금 이 순간까지도

이찬호

나는 축구를 하고 있었을 뿐이다.

하지만 그것도 잠시, 나는 지금 배드민턴을 치고 있다.

그러다 어느 틈에 발야구, 뜀틀 등을 즐기고 있는 나를 발견하다.

나는 야구도 좋아한다.

친구들을 따라서 야구를 하러 가 있는 나.

공을 던지고, 공을 받고…
내 머릿속은 '운동'으로 가득 차 있다.
지금 이 순간까지도.

'공부'로 가득 차 있지 못해 엄마는 아쉽겠지만.

캐나다 생각이 난다

김민서

1. 가을 하늘과 수북이 쌓인 떨어진 낙엽을 보니…

캐나다 생각이 난다. 떨어진 낙엽으로 파일을 만들어서 점프하려고 했는데, 낙엽 모을 때 하필이면 애벌레가 있던 낙엽을 주워서 애벌레가 내손에서 꿈틀거리던 기억. 꺄아앜! 하지만 계속 친구들과 함께 낙엽 파일을 만들고, 드디어 다 만들어서 친구들과 점프했던 기억. 와 아아 아앜! 그때 생각하면 아직도 몸이 꿈틀거린다.

내 얼굴에 애벌레가 꿈틀꿈틀 움직이던 것 같았지만 그래도 하늘에 훨훨 나는 것 같은 기분만은 지금도 생생하다. 마치 에베레스트산 정상에 도달해서 점프하던 것처럼.

2. 날씨는 추워도 눈은 안 오니…

캐나다 생각이 난다. 캐나다에선, 겨울 되면 눈은 거의 항상 오는데… 그것도 아주 많이. 등굣길에 눈이 무릎까지 와서 친구들이랑 썰매 타면서 30분 동안 등교하고, 베란다에 눈이 많이 쌓이면 베란다에서 언니랑 같이 눈사람 만들기 바빴다. 바깥 온도가 너무 낮아서 베란다 바닥에 얼음이 꽁꽁 얼면 병뚜껑에 색소 넣은 물을 넣어서 얼 때까지 기다리고 얼면 탁! 바닥에 치면 당연히 몇 개는 부서지거나 안 나오지만 몇 개는 쑤욱 빠져나와서 속이 편안해진다. 그리고 엄마는 냉동고가 필요 없다며 냉동식품을 바깥 베란다로 옮기곤 했다. 공부 때문에 스트레스받을 때는 눈을 공으로 3분 동안 정성을 다해 만들고 바닥으로 세차게 던졌다. 그러면 스트레스가 싸아악 없어진다.

하지만 이제는 스트레스 풀어 줄 눈이 없다. 가끔은 모래가 눈이라고 상상을 하고 던지며 나 자신을 위로해보지만 더 이상 눈으로 스트레스를 풀 수는 없다. 대구에서는 캐나다만큼 눈이 안 올 것을 난 이미 알고 있으니깐. 앞으로 나는 여기 한국에서 살아가야 하므로. 날씨가 추워져도 눈이 안 오니 캐나다 생각이 너무 난다.

택배

김민서

요즘 마스크 필수인 코로나19 시대, 사람들은 보통 오프라인 쇼핑하는 것보다 온라인 쇼핑을 선호한다. 우리 가족도 온라인으로 쇼핑을 자주 하는데, 온라인으로 쇼핑하면 택배비가 거의 다 붙는다. 그래서 우리 가족은 돈을 조금이라도 아끼기 위해 한꺼번에 많이 산다. 한꺼번에 많이 사니 평소보다 더 많이 사게 되는 것 같은 건 나만의 느낌적인 느낌일까?

띵똥! 띵똥! 벨 울리는 소리가 들리면, 택배 아저씨가 갈 때까지 한 10초 기다리다가 현관문을 바로 연다. 그러면 두둥! 앞에 보이는 택배들이 기다렸다는 듯 서있다. 그것을 나는 재빨리 가위나 칼로 망설임 없이 잘라서 연다. 열 때는 항상 랜덤박스 언박싱 하는 것처럼 떨리고 기대감에 꽉 차 있다.

하지만 열 때마다 어김없이 실망하고 만다. 과자를 사도 엄마가 좋아하는 새우깡, 오징어집 등뿐이고,

나머지는 그냥 관심 1도 없는 컴퓨터 부품, 책 등이다. 택배란 나에게 열 때는 기대감을 주면서 막상 열어보면 큰 실망감만 안겨주는 존재이다

간절하게 학교 가고 싶은 날

서지민

Anyway, writers

　가끔, 아니 자주 학교가 가기 싫다. 수업하고, 시험 치고, 필기하고… 그런데 학교는 필수란다. 법 때문에 무조건 학교에 가야 한단다. 이 강제성이 나같이 성숙하고 반항적인 10대에게는 더욱 반감을 준다. 쇼핑 갈 때처럼 가고 싶을 때만 학교를 가면 얼마나 좋을까 생각해본다. 그래도 가끔 아주 간절하게 학교 가고 싶은 날이 있기도 하다.

1. 현장체험학습 갈 때

이 날이 되면 잠을 못 잘 정도로 너무너무 기대된다. 특히 요즘은 코시국(코로나 상황이 심각한 상태)이라 많이 못 가서 현장체험학습 가는 날은 금보다 소중하다. 금을 넘어서 다이아몬드 정도의 소중한 가치를 가진다. 그래서 일주일 전부터 도시락 재료를 산다. 김밥을 할까, 볶음밥을 할까, 튀김을 할까 그렇게 긴긴밤 고민을 하다 결국 김밥을 싼다.

2. 체육대회 날

일주일 전부터 괜히 달리기 연습을 하면서 허세를 좀 부려본다. 대회날에는 운동장이나 체육관이 엄청 시끄럽다. 친하지도 않은 친구한테 고함을 치며 '이겨!'라고 꽥꽥 소리 지른다. 점심 먹는 시간이 되면 그냥 느낌 없이 먹던 밥도 내가 가장 좋아하는 음식인 것처럼 맛나다.

3. 짝 바꾸는 날

이 날은 사실 기대로 가득 차는 날이라는 표현이 맞겠다. 우리 반은 한 달에 한번 제비뽑기를 하는데 뽑기가 잘 되고 모둠 친구와 짝이 마음이 들면 뛸 듯이 기쁜데 반대로 잘 되지 않으면 급격하게 속상하고 우울한 날이 된다. 그러나 막상 마음에 들지 않은 친구들도 지내다 보면 '어, 나쁘지 않네! 괜찮은데!'라는 생각이 들었던 적이 많았다. 선생님은 짝 바꾸는 날에 집착하는 나에게 늘 말씀하신다. 너무 기대하지 말라고, 어차피 바꿔도 별 차이 없다고. 선생님은 모르신다. 자고로 학교에서 짝은 한 달 학교 생활의 시작이자 가장 중요한 요소가 된다는 걸 말이다. 짝 바꾸기 전날 밤에는 기대되고 설레서 잠도 오지 않는다.

뭐… 이렇게 적고 보니 학교가 가기 싫었던 마음이 조금 없어지기도 한다. 생각해보니 작년에는 코로나 때문에 학교를 잘 가지 못했는데 차라리 줌(zoom)을 하느니 그래도 학교 가는 편이 더 나은 것 같기도 하고.

정말 이해되지 않는다

조윤서

엄마에게 아이패드를 사 달라고 하면
"어린 게 무슨 아이패드야?"라고 하신다.
방 청소를 하지 않으면
"왜 방을 안 치워? 네가 애야?"라고 하신다.
내 나이는 늘었다 줄었다 한다.
도무지 일관성이 없다.
정말 이해되지 않는 어른들의 말이다.

Anyway, writers

세상엔 사고 싶은 것이 너무 많다

홍서진

세상엔 사고 싶은 것이 너무 많다.

통장에 있는 돈을 빼면 쓸 수 있는 돈은 제한적인데 사고 싶은 것은 왜 이렇게 많을까? 난 요즘 또 사고 싶은 것이 하나 생겼다. 친구들과 같이 놀이터를 갔을 때 6~7살 정도 되어 보이는 꼬맹이가 전동 미니 카를 가지고 와서 놀고 있었다. 걔한테 다가가서 이거 조금만 해봐도

156 이무른, 작가

되냐 해서 써봤는데… 와 전동차, 의외로 재밌다. 너무 갖고 싶어서 인터넷에 쳐봤는데 보통 2~3만 원에서 비싼 건 10만 원 정도 한다. 엄마한테 말해봤는데 나중에 마트 가서 사준단다. 과연 내 전동차는 무엇이 될지… 벌써부터 기대된다.

학원 마치고 편의점에 가도 사고 싶은 것들의 한가득이다. 내가 학원 갈 때 가지고 나온 돈은 3000원! 바나나우유와 치킨 순살 꼬치를 사 먹으려면 딱 100원이 부족하다. 하… 이렇게 안타까운 순간이 또 있을까? 고민 끝에 치킨 순살 꼬치와 생수를 사기로 결정했다. 바나나우유가 있었으면 더 맛있게 먹을 수도 있었지만 그래도 물과 먹어도 닭꼬치는 꿀맛이다. 편의점에서 이상한 것 사 먹지 말고 집에 와서 밥 먹으란 엄마의 말은 홀라당 날려버리고 닭꼬치를 뜯는다. 다음에 편의점 갈 때는 5000원 정도는 들고 나와야 할 것 같다.

나의 버킷리스트

조가윤

첫 번째. 프랑스 파리에 가서 에펠탑과 사진 찍기

sns나 인터넷에 보면 감성 있는 프랑스 파리의 사진이 가득했다 항상 영상이나 사진으로 보기만 했는데 직접 가보고도 싶었다. 난 해외는 이모가 살고 있는 미국밖에 가본 적이 없다… (제주도도 못 가본 처지지만) 그래서 감성 있는 프랑스에 가서 에펠탑과 사진을 찍고 싶다.

두 번째. 친한 친구들끼리 우정여행 가기

해외나 못 가본 지역으로 친구들끼리 우정여행을 가고 싶다. 게스트룸에서 같이 잔적은 있지만 여행을 같이 간 적은 없다. 그래서 색다르게 친구끼리 우정여행을 가고 싶다. 가능하면 해외로!

세 번째. 바다 앞에서 버스킹 하기

파도가 치는 푸른 바다 앞에서 버스킹을 하고 싶다. 난 노래를 부르는 것을 즐겨서 노래방이나 노래를 부르는 활동을 즐긴다. 그래서 죽기 전엔 감성 있는 바다 앞에서 버스킹을 꼭 해보고 싶다.

네 번째. 부모님한테 명품 선물해주기

크으으으은 돈을 벌어서 부모님에게 명품 같은 것을 사주고 싶다. 예를 들면 롤렉스 시계나, 에르메스 가방 정도… 효도를 하려면 이 정도는 되어야지 싶다.

다섯 번째. 깜깜한 새벽에 나와서 산책하기

갑갑하고 힘들 때, 힐링을 필요할 땐 공기를 맡는 것이 좋다고 한다. 내가 가장 좋아하는 시간인 새벽 시간에 혼자 나와서 새벽 공기를 느끼고 싶다. 현실은… 매일 겨우 지각을 면하게끔 학교에 등교하고 있지만 언젠가는 꼭 이루고 말 것이다.

투명인간이 된다면

박시안

난 가끔씩 투명인간이 되고 싶다는 생각을 많이 한다. 그냥 몸만 투명인 사람이 아니라 아예 정말 보이지도 만져지지도 않는 투명인간 말이다. 내가 만약 그런 투명인간이 되면 어떨까? 투명인간이 되면 하고 싶은 것들이 있다.

첫번째는 시험칠 때 돌아다니며 커닝하기이다. 헤헤

나는 시험을 칠 때 요리조리 돌아다녀 친구들 시험지를 커닝하고 싶다. 시험 100점을 맞아 안 좋을 건 없다. 그러니 이렇게라도 100점을 받으면 좋을 것 같다. 여기서 주의할 점은 커닝할 친구를 잘 선택해야 한다. 틀린 답을 커닝해서는 안되니깐.

두 번째는 놀이기구 탈 때 줄 안서기이다.

인기가 많은 놀이기구들은 기본 1시간은 줄 서야 한다. 그러면 놀이기구 몇 개만 타도 늦은 시간이 되어 집에 가야 한다. 하지만 투명인간이 된다면 줄 안 서고 프리패스로 놀이기구를 즐길 수 있을 것 아닌가. 생각만 해도 행복하다.

마지막 투명인간 상태로 오징어 게임에 참가하는 것이다. (그럴 일을 없겠지만…)

그럼 제일 먼저 하는 무궁화 꽃이 피었습니다 게임에서 움직여도 보지 못해 통과할 것이다. 달고나 게임은 숙소에 남으면 자연스레 통과할 것이고 세 번째 게임인 줄다리기는 팀 정할 때는 빠지고 팀이 다 정해지면 은근슬쩍 힘센 팀에 붙으면 된다. 구슬치기는 안보이니 당연히 깍두기로 남을 것이고 유리강화는 맨 뒤에서 걸어가면 되고 그럼 마지막 오징어 게임까지 무사할 수 있을 것이다.

공부를 해도, 안 해도 억울하다.

박시안

나에게는 참 억울한 일이 자주 일어난다. 밤까지 열심히 숙제를 하던 중에 잠깐 딴짓하고 있으면 항상! 하필! 딱 그때! 엄마가 갑자기 방에 들어온다.

"숙제 안 하고 또 놀고 있니?"

그러면 공부를 많이 했다는 뿌듯함도 사라지고 스트레스로 바뀐다.

사실 초등학교 저학년 때까지는 그냥 그 말이 장난이고 재미있으라고 하는 말인 줄 알았는데 초등학교 고학년이 되니까 그 말이 거짓이 아니라 진짜라는 것을 알게 됐다.

그럼, 공부를 많이 하고 있는 순간 엄마가 들어오면 괜찮냐고?

아니다!

엄마는 항상 너는 학생인데 그건 당연한 거라는 듯한 표정으로 나를 본다.

항상 공부를 열심히 해도 스트레스만 쌓이게 되는 이 사실부터가 이제 스트레스다.

현장체험학습

Anyway, writers

김현진

체육 학습장에 선생님과 친구들이랑 체육 학습을 갔다. 아침 일찍 엄마가 나를 위해 김밥과 키위를 준비해줬다. 기뻤다. 그리고 학교에 가니 새로운 실무 선생님이 계셨다. 친절했다. 버스를 타고 가다가 비행기가 갑자기! 피융 날아갔다. 가는 동안 감도 봤다. 우리들이 타고 가는 버스는 LED가 쫙 있었다. 멋있었다. 오전에는 케이팝 댄스를 했

다. 음악에 맞춰 춤을 추었다. 즐거웠다. 오후에는 스크린 사격을 했
다. 정면을 보고 레이저를 쏘면 스크린에 맞춰진다. 신기했다. 힘들고
피곤했지만 새로운 것을 배워서 좋았다.

신조어

김건우

무야호

이 신조어를 처음으로 쓴 사람은 바로 찡찡이다. 처음에 무야호라
는 뜻을 몰랐는데 자꾸 들어 추측해보니 무야호는 기분이 좋다는 뜻
인 것 같았다.

ㅋㅋ르삐삐

무야호 다음으로 유행하던 신조어는 바로 ㅋㅋ르삐삐이다. ㅋㅋ르
삐삐은 딱히 뜻은 없다. 이 말은 친구와 말싸움을 할 때 상대방을 놀릴
때 사용한다. 나도 자주 쓴다.

어쩔티비

어쩔티비는 어쩌라고+티비나보라고 라는 뜻이다. 우리 반은 어쩔
티비를 너무 많이 써서 선생님에게 금지 처분을 받았다. 나는 어쩔티
비를 쓰고 싶어서 고민하다가 어쩔 텔레비전이라고 말하면 어떨까 생
각해본다. 아무튼 나는 이 신조어를 가장 많이 쓴다.

샌즈

이 신조어는 특히 찡찡이가 많이 쓴다. 샌즈는 다양 각색으로 불린
다. 그냥 샌즈라고도 하고 샌즈+어쩔티비는 샌즈티비이다. 그리고 여
러 가지가 더 있다.

샌즈도 역시 선생님에게 금지어가 되었다. 친구들은 포기하지 않
았다. 고민하다가 샌드라고 말하기 시작했다. 아마 선생님이 아시면
또 금지어가 되겠지만.

우리들은 신조어를 많이 쓴다. 그런데 선생님이 금지하는데도 왜
이렇게 많이 쓰냐고? 짧고 부르기 편하며 재미있다. 우리만의 세계가
존재하는 느낌이랄까

플로깅

이세빈

"플로깅? 줍깅 같은 건가?"

플로깅은 운동을 하면서 쓰레기를 줍는 것이다. 그날은 학원에서 플로깅을 한다는 날이었다 시작 전에는 정말 힘들고 재미없겠구나라는 생각이 들었지만 그건 내 착각이었다. 그나마 15분만 한다고 해서 다행이다.

'뭐야 왜 이렇게 쓰레기 적지? 역시 자랑스러운 대한민국… 이 아
니네'

쓰레기는 상상을 초월을 했다. 특히 담배꽁초가 정말 많았다. 진짜
골목에 가면 담배꽁초가 반을 차지했다.

'와… 이렇게 담배 피우는 사람이 많다는 사실도 충격인데… 심지어
쓰레기통에 넣지 못하는 양심조차도 없단 말인가?'

한 골목에 있는 담배꽁초를 치우다가 시간이 다 가버렸다.

플로깅의 단점은 허리가 아프다. 또 집게로 잘 안 잡힌다. 하지만 생
각보다 재미있고 뿌듯하며 다이어트가 된다는 장점이 있다. 가을에는
낙엽 치워주는 것도 좋을 것 같다. 완전 추천!

억만장자의 꿈

박주하

난 1학년 때 처음 돈을 받아 보았다. 큰돈은 아니었지만 그래도 기분이 좋았다. 처음 받은 돈으로 뭘 할까 고민하다가 아이스크림을 사먹었다. 우리 집은 용돈이란 것이 없었다. 저학년 때까지만 해도 엄마에게 1000~2000원 정도 받는 게 끝이었다. 용돈을 주기적으로 받지는 못했지만, 할머니, 할아버지, 고모, 이모 등 많은 사람들에게 받은 돈을 모으기 시작했다. 순식간에 현금이 많이 늘어났다. 한 200만 원!

행복은 길지 않았다. 엄마가 그 돈을 본 것이다. 엄마는 돈을 통장에 넣어 줄 테니 비상금으로 10만 원 정도만 빼놓고 다 달라고 하셨다. 그래서 그때부터 반 강제적으로 돈을 받을 때마다 그 돈의 50%는 엄마에게 주고 나머지는 내가 가졌다.

어느날 절대 일어나지 말아야 할 일이 일어나고 말았다. 엄마가 그 돈으로 백화점에 가서 쇼핑을 한 것이다. 그 후로 나는 엄마에게 돈을 주지 않고 아빠에게 돈을 주었다. 아빠는 내 통장에 돈을 넣은 후 그것을 직접 확인시켜주는 섬세함을 보여주셨다. 그때부터 나는 큰돈을 내 품에 두지 못했다. 설상가상으로 나에게 들어온 허락된 돈까지 탕진하기 시작했다.

그런 불행의 순간에 나에게 구세주처럼 찾아온 사건이 있었다. 바로 엄마가 휴대전화를 잃어버린 것이었다. 집안 구석구석을 다 찾아봐도 휴대전화는 없었다. 그러자 엄마는 아주 환상적인 대책을 내놓으셨다. 엄마의 핸드폰을 찾으면 상금 10만 원에 수고비 1만 원을 주기로 했다. 그 말이 끝나자마자 아빠와 나, 형은 집안 곳곳을 다 찾아봤지만 나오지 않았고 그러자 엄마가 상금을 20만 원으로 올렸다. 우리는 더욱 열심히 찾기 시작했고, 아빠가 자동차 안에 있는 것이 아닐까 추측하셨다. 그리고 차 안에서 핸드폰이 나왔다. 상금을 받은 아빠는 나와 형에게 10만 원씩을 주셨다. 이것은 돈이 사라져 가던 나에게는 엄청난 행운이었다.

이 일이 일어나고 난 후 나에게는 큰 변화가 있었다. 바로 돈을 아끼기 시작한 것이다. 필요 없거나 쓸모없는 물건에는 눈길도 주지 않았고 나는 이 돈을 모아서 꼭 억만장자가 되기로 다짐했다.

나는 꼭 억만장자가 될 것이다.

초등학교 5학년의 가장 시급한 과제

박지홍

Anyway, writers

　최근 학원에서 중2 수학에 들어가고 나서부터 극심한 스트레스에 시달리고 있다. 더욱 힘든 이유는 학원에서 머문 시간 때문이다. 어제만 해도 4시 30분에 학원에 갔다가 밤 10시쯤에 마쳤다. 거기서 끝나지 않는다. 학원에 갔다 오면 또 숙제에 매달려야 한다. 영어 숙제도 힘든데 수학 숙제까지 있어 끝이 보이지 않는다. 너무 스트레스다.

그나마 이 스트레스를 최근에는 야구로 풀고 있다. 야구 경기를 보면 좋아하는 선수가 안타, 홈런을 칠 때가 있는데 속이 뻥 뚫린다. 야구마저 없었다면 나는 스트레스에 깔려… 상상만 해도 끔찍하다.

　초등학교 5학년에게는 스트레스를 풀 수 있는 다양한 방법을 찾는게 가장 중요한 과제이다.

짝사랑

최승민

우리 집 거북이는 겁이 많다.

언제나 내가 다가가면,

쏘옥 하고 자기 집에 들어가 버린다.

내가 어항도 씻어주고, 밥도 주고, 친구가 되고자 다가가는데도

나를 신뢰하지 않는 것인지 쏙 들어가 버린다.

언젠가는 우리가 친구라는 걸 알겠지.

어린이를 위한 공휴일

최승민

1년 365일 중 어린이를 위한 공휴일은 고작 어린이날, 할로윈, 크리스마스 이렇게 3개밖에 없다.

그런데 다시 생각해보니 그나마 3개라도 있는 게 어디인가?

어른들을 위한 공휴일은 어버이날 밖에 없다. 그나마 자식이 없는 사람은 어버이날도 의미가 없다.

어린이라고 꼭 불행한 것은 아니다.

허무함

최승민

브롤 스타즈를 하기 전에는 매우 들떠있다. 브롤 스타즈의 형식은
brawl=싸우다 라는 뜻이 있는데, 브롤 스타즈는 말 그대로 브롤 스타
즈 안에서 싸우는 것이다.

매일매일 하루도 빠짐없이 브롤 스타즈를 하는데도 매일매일 재
미있다.

시간, 노력, 돈도 왕창 쏟아부었기 때문에 브롤러도 모두 다 있고, 모두 다 만렙이다.

그런데 이상하게 브롤 스타즈를 하고 난 뒤면 무언가 허무함이 밀려온다.

왜일까?

동생의 타임

박지환

나에게는 1학년 남동생이 있다.

세상에는 아주 많은 동생들의 타입이 있다.

  첫 번째, 귀여운 척을 하는 동생이다. 동생은 맨날 과자를 사달라
고, 놀아달라고 그리고 맨날 보채기까지 한다. 그리고 좀 심한 날에는

소리를 지르면서 말이 되지 않는 말을 하기까지 한다. 한마디 크게 내가 큰 소리를 내려고 하면 갑자기 귀여운 척한다. 내 눈이 썩어간다. 하루는 엄마가 김밥용 김만 사 오라고 말했는데 동생이 아이스크림을 집어 들자 나는 갔다 놓으라고 했다. 그런데 그 순간 동생이 나한테 슈렉의 고양이 같은 눈빛을 나에게 발사했다. 역시 내 눈이 썩어간다. 문제는 이 귀여운 척이 어른들에게는 먹힌다는 사실이다. 나만 이 타입을 싫어한다.

두 번째, 말이 되지 않는 말을 계속하며 우기는 동생이다. 동생이랑 게임을 할 때는 속 터질 때가 한두 번이 아니다. 동생이 하는 게임에 대한 팁을 기껏 친절하게 가르쳐주는데 말귀를 못 알아듣는 게 다반사다. 게다가 동생은 나한테 있지도 않는 아이템을 계속 있다고 우기는 경우가 많아서 할 말을 잃게 만든다.

세 번째, 자꾸 계속 보채는 동생이다. 이 타입의 동생은 전 세계 아빠들과 형과 누나가 공통적으로 싫어하는 타입이다. 계속 보챈다면 화내지 않을 사람들은 없을 것이다. 한 번은 가족이 캠핑을 가던 날이었다. 우리는 라면이 먹고 싶어 아빠한테 사 달라고 하지만 상황상 안 된다며 말씀하셔서 나는 포기했다. 하지만 눈치 없는 동생은 계속 보챘고 아빠는 결국 화가 나서 그날은 슬픈 캠핑이 되었다는 후문이다.

내 동생은 이 세 가지 요소를 모두 가진 녀석이다.
그래서 내 삶은 쉽지 않다.

아이스크림

김민서

배스킨라빈스 아이스크림은 부드럽고, 입 안에서 사르르 녹으며, 개인 취향에 따라 새콤하게, 달콤하게 먹을 수 있다. 그리고 차가운 게 여름이나 땀날 때 먹기 딱이다.

얼마 전에 OO소갈비에 가서 갈비를 실컷 먹고 디저트로 엄마를 꼬

Anyway, writers

셔서 배스킨라빈스로 갔다. 배스킨라빈스에는 항상 맛있는 게 너무 많다. 그래서 안 좋다! 먹고 싶은 맛은 10개인데, 엄마가 고를 수 있는 맛은 3개라 하고…. 마치 분식점 가서, 떡볶이 먹을까? 오뎅 먹을까? 만두 먹을까?, 먹을 음식을 고르는 것만큼이나 힘들다. 음식은 고를 때는 모르는 사회 시험 문제 찍을 때처럼 항상 고통의 시간이다. 너무 고르기 힘들다. 하지만 먹을 때는 정말, 너무 행복하다. 고민 끝에 3개를 골랐는데, 마음 같아서는 담요 돌돌 둘러서 따뜻하게 먹고 싶었지만, 날씨가 너무 추워서 벌벌 떨면서 먹었다. 그래도 맛있는 건 그대로였다. 하지만….

일요일 이어서 기분 좋게 10시 30분에 일어났는데, 목이 너무 아팠다. 기침을 에에에 에취! 할 때마다 목에 벌레가 무는 것 같았다. 나는 금방 나을 거라 생각했는데 갈수록 더 아파졌다. 3일이 지난 지금도 나는 감기에 시달리고 있다.

결론: 추운 겨울에 아이스크림 먹지 말고 더운 여름에 아이스크림을 실컷 먹어두자.

라면 먹는 날

박지환

오늘은 기다리고 기다리던 수요일이다. 바로 '라면 먹는 날'이다.

누가 보면 라면을 먹는 날이 따로 있느냐고 이상하게 생각할지도 모르겠지만 우리 집은 라면 먹는 날이 따로 정해져 있다. 이유는 내가 너무 라면을 좋아해서, 많이 먹으니 어느 날 아빠가 더는 안 되겠다 싶었는지 특별히 수요일만 라면을 먹게 해 주신 것이다.

역시 누가 뭐라 해도 라면은 진라면이 최고다.

1. 물을 끓인다.

2. 라면을 넣고 분말 스프와 건더기 스프를 넣는다.

3. 계란을 넣는다

4. 라면을 먹으면서 유튜브 먹방을 본다. 이유는 다른 사람이 먹는 걸 보면서 먹으면 더 맛있어지기 때문이다.

빨리 수요일이 오면 좋겠다.

부회장 선거

박시안

학교에서 학급 회장 부회장 선거를 했다. 회장을 뽑을 땐 주O가 회
장이 되었고 남부회장을 뽑을 땐 회장 선거에서 떨어진 건O가 남부
가 되었다.

그다음 드디어 대망의 여부회장 뽑기를 했다. 여부회장 후보로 지
O이가 나간다는 건 알고 있었지만 나머지 여자애들에게 혹시 여부 선

거 나갈 건지 물었지만 거의 안 나간다고 했었기에 살짝 안심한 부분도 있었던 게 사실이다. 하지만 여부회장 선거에 5명 이상의 친구들이 출마를 했고 나는 살짝 당황했다. 그래도 마음먹은 대로 출마를 했다.

잠시 후 공약을 발표했다. 단순하게 발표할 거라 생각했던 지O이가 너무 열심히 준비해와서 놀랐다. 그 순간 이미 망함을 직감했다. 그다음 나도 실수하지 않고 소견 발표를 하긴 했지만 영 느낌이 좋지 않았다.

이제 투표 시작. 처음에 지O이만 이름이 불려서 놀라면서도 부러우면서도 속상한 마음이 들었다. 이대로 지O이가 되는 걸까?라고 생각한 순간 내 이름이 연속으로 불리기 시작했다. 그 순간부터 조금의 희망의 끈을 잡기 시작했다. 이대로라면 막상막하로 잘하면 여부가 될 수 있겠다라고 생각했던 것이다. 하지만 아쉽게도 내가 3표 정도의 차이로 당선되지 못했다. 솔직히 너무 아쉬웠다.

여부회장이 된 지O이가 너무 부럽다. 내가 너무 공약도 없이 부실?하게 했나 라는 생각이 들었다. 다음에는 공약을 열심히 짜 와서 꼭 여부회장이 되고 싶다.

엄마라는 세계

홍서진

엄마는 공평하지 못하다. 아침부터 나보고 폰을 끄라 하면서 정작 엄마는 아침부터 네이버 신문기사를 보거나 인터넷 쇼핑몰에서 옷을 구경한다. 또 일주일 용돈이 8000원인데 용돈을 올려달라 하면 어린이가 뭐 그리 돈 쓸데가 많으냐고 하신다. 어린이는 돈 좀 쓰면 안 된다는 법이라도 있나? 그리고 나보고 빨리 자라 하면서 왜 계속 TV 프로그램을 틀어놓는 것 일까? 자라 했으면 TV도 꺼줘야 하는 거 아닌가 말이다.

엄마들은 수학 점수에 너무 연연 하는 거 같기도 하다. 왜냐하면 내가 수학을 95점 맞았을 때 칭찬을 해줘야 하는 거 아닌가? 그런데 자꾸 아깝다고 하신다. 이쯤 되면 나도 짜증이 나고 속상해지기 마련이다.

엄마는 간섭이 지나친 경우도 있다. 예를 들어 친구와 카톡을 할 때 계속 옆에서 힐끔힐끔 본다거나 숙제를 하고 있는데 계속 숙제하는 거 맞냐고 물어보기도 한다. 난 나름대로 열심히 하는데 무시당한 기분이 드는 건 어쩔 수 없다.

갑자기 궁금하다. 엄마도 어릴 때 공부를 잘했을까? 시험을 맨날 100점 맞고, 글도 무지 잘 쓰지 않고서는 엄마의 간섭이 정당화될 수 없을 것 같다. 이건 나중에 외할머니께 물어봐야겠다.

그러나 이 글을 쓰면서 깨달은 것이 하나 있다. 엄마 아빠와의 있었던 안 좋았던 기억들을 생각하다 보니 나의 부족한 점, 즉 내가 엄마 아빠 없이 할 수 있는 것이 그렇게 많지는 않다는 사실이다. 커가면서 더 많이 배우고 언젠가는 나도 어엿한 어른이 되겠지만 아직까지는 할 수 있는 것이 그렇게 많지는 않기에, 엄마 아빠의 간섭도 이해를 해야 하지 않을까.

그래도 엄마가 나에게 기분 나쁘게 하는 말이나 잔소리를 좀 줄이면 (물론 나도 엄마가 하라는 것에 조금 더 노력을 기울이고) 엄마와 싸우는 횟수도 줄어들 수 있을 것 같기도 하다.

Anyway, writers

전학생이 친구 사귀는 법 Tip

박지홍

　나는 올해 다른 학교에서 우리 학교로 전학을 왔다. 초등학교만 세 번째이다. 나는 비교적 성격이 조용한 편이라 누구에게 쉽게 다가가지 못하는 유형의 학생이다. 그래도 전학을 여러 번 다니다 보니 나만의 전학생 적응 tip이 생겼다.

친구와 사귀는 것이 가장 중요하다.

1단계는 인사하기이다. 친해지고 싶은 친구에게 자주 인사를 하는 것이 중요하다. 왜냐하면 친구에게 인사를 해 자신의 존재감을 나타내고 친밀도를 조금 더 높일 수 있기 때문이다. 물론 친구들이 다가와 먼저 말 걸어주면 좋겠지만 이미 반 분위기가 형성된 상황에서 그 속에 놓인 나는 이방인이라는 생각을 지울 수가 없다. 이런 어색함을 무시하고 먼저 다가가야 한다. 나도 성격이 조용한 편이라 쉽지 않았지만 그래도 관심이 가는 친구에게 계속 인사를 했다.

다음 2단계는 대화하기이다. 이때 중요한 것은 나와 비슷한 관심사를 가지고 있는 친구를 찾아야 한다. 그 친구와 그것에 대해 자연스럽게 대화를 나누다 보면 자연스럽게 친해질 수 있기 때문이다. 나는 야구를 좋아한다. 우리 반에도 야구를 좋아하는 친구를 찾았다. 슬쩍 다가가 그 친구와 야구를 하다 보니 자연스럽게 편안하게 대화가 가능해졌다.

3단계는 물어보기이다. 조금이라도 친해진 친구가 있다면 모르는 것에 대해 자주 물어봐야 한다. 그 친구는 나보다 이 학교에서 더 많이 지냈을 테니 당연히 나보다 정보가 많다. 도움을 요청하다 보면 자연스럽게 더 가까워진다. 특히 전학 초반에는 학교 시설물의 위치 파악이 쉽지 않다. 도서관의 위치나, 보건실의 위치 등 끊임없이 물어보기를 적극 추천한다.

그럼에도 만약 친한 친구가 없다면 선생님의 도움을 받는 것도 좋다. 왜냐하면 선생님께 물어보면 다른 친구의 도움을 받거나 선생님이 직접 도와주실 수 있기 때문이다. 전학생은 선생님과 무조건 친해져야 생활이 편해진다.

단발병

이세빈

Anyway, writers

"머리에 변화를 주고 싶은데… 그래! 단발이다!"

그렇게 나는 단발한 연예인들을 보고, 우리 반에서 예쁘게 단발을 한 여자 애들을 보고 단발병에 걸린다. 엄마는 단발하면 아줌마가 된다고 반대하신다. 하지만 난 뭐 얼굴이 되니깐 상관이 없다. 아니 진짜 단발해도 괜찮은데…

그런 생각을 4개월 정도 단발병에 시달리다고 추석 때 만난 사촌언니를 보는 순간. 단발병이 순식간에 나아졌다.

사촌 언니가 원래 긴 머리였는데 머리를 싹둑 단발머리로 스타일을 바꾼 것이다.

그런데… 웬 아줌마가…

엄마가 거짓말하는 줄 알았는데 아니었다. 우리 나이엔 긴 머리가 최고다.

아줌… 아니 사촌언니한테는 미안하지만 덕분에 나의 단발병은 씻은 듯이 나았다.

언니 미안!

꿈의 급식

최규민

세로글: Anyway, writers

세상에는 맛있는 음식이 너무 많다.

학교 급식 메뉴판 보는 것이 가장 설레는 순간이자, 점심시간은 학교 생활의 가장 중요한 시간이다.

내가 영양사가 된다면 완벽한 급식을 만들 수 있을 텐데…

첫 번째 꿈의 급식은 곰탕, 치킨, 라면, 칠리소스, 콜라이다.

일단 곰탕은 치킨과 라면을 먹고 나서 뜨끈한 국물로 속을 시원하게 해 준다. 그리고 치킨은 말해 무엇하리오? 그냥 칠리소스에 찍어 먹으면 최고다!. 그걸 먹고 나서 후식으로 라면을 먹으면 정말 좋을 것 같다. 입을 한번 행거 주기 위해서 콜라를 꿀꺽꿀꺽!

두 번째 꿈의 급식은 소고기 미역국, 밥, 닭똥집 스테이크이다.

미역국은 소고기가 들어가고 참기름을 조금만 넣으면 정말 맛있는 소고기 미역국이 될 수 있다. 뭐 사실 지금 우리 학교 급식에 나오는 미역국도 최고이다. 여기에 바삭함의 극강 닭똥집 튀김은 필수 더하기 음식이다. 아 한 가지 더! 메인 음식이 필요하다. 두툼한 안심 스테이크가 좋겠다. 스테이크는 부드럽고 소스와 같이 밥을 올리면 완벽한 급식이 완성된다.

마지막으로 세 번째 꿈의 급식은 소고깃국, 돼지갈비, 물냉면 사이다, 밥, 파채이다. 깔끔한 소고기 한 숟가락으로 빈 속을 깔끔하고 시원하게 코팅해주고 난 뒤 돼지갈비는 파채와 함께 먹으면 정말 감격스럽다. 완벽한 조합이다. 후식으로 시원한 물냉면을 먹어야 한다. 물냉면 면발 위에 바삭하게 구운 돼지고기 한 점을 올려 같이 먹어준다면 무슨 말이 더 필요하겠는가. 극강의 포만감은 사이다 한잔과 함께 가볍게 잠재울 수 있다.

상상만 해도 행복하다. 다이어트 생각은 이미 물 건너간 지 오래다.

내 친구 한도토리

이찬호

　내 친구는 도토리다. 머리 스타일은 도토리, 키도 도토리, 하지만 뱃살은 옆으로 누워서 앞으로만 툭 튀어나와 있고 길쭉하지는 않다. 아무튼 내 친구 한도토리는 그런 자신의 별명을 만족하고 있다. 도토리는 수학시험 최고 점수는 95점이고 정말 착한 친구다.

　한번은 학원을 같이 마친 후 놀이터로 놀러 갔었는데 어린 친구들이 놀고 있었다. 한도토리는 그 친구들과도 잘 놀아주었다. 7살 동생이 놀다가 다치면 진심으로 슬퍼해 주었다.

"아, 진짜 그렇게 넘어져서 팔 까지면 엄청 아픈데."

아 내 친구 도토리는 정말 착하다.

그런데 어린 동생들이 장난으로 도토리를 때리기 시작했다. 그것도 축구공을 던져서 맞추고 발로 차고, 그러다 결국 도토리는 울음을 터트렸다. 물론 옆에서 살펴본 바로는 도토리의 잘못도 많이 컸다. 사건은 이러하다. 도토리는 자신의 미모에 굉장히 심취하여 "아, 나 좀 잘생겼는데? 이 정도면 평타 이상이지!"라며 혼자 중얼중얼거렸다. "아! 내가 뭘 들은 거지? 악! 내 귀!"라며 동생들이 그만하라고 해도 도토리는 계속 자신의 얼굴에 심취한 말을 중얼거렸다.

그러자 동생 중 한 명이 도토리를 한 대 때리며 "아, 그만!"이라고 했다. 그래도 도토리는 계속 "나 좀 잘생겼는데?"라며 중얼거리자 동생들이 가만히 있지 않았다. 그렇게 동생들에게 공으로 맞고 발로 차이다 결국 울음을 터트린 것이다.

도토리가 불쌍하게 보여서 달래주면서 물었었다.

"왜 이렇게 착하게 그래, 그냥 하지 말라고 하면 되지. 아파서 우는 거야? 동생한테 맞아서 그런 거야?"

"어린 동생이니까 화내지도 못하고 때리지도 못하니까…"라고 말했다.

아! 내 친구 도토리는 말도 안 되게 착하다.

그래도 너무 착해서는 안 된다.

"이 착한 바보야, 애들한테 하지 말라고 화냈어야지!"

다만...

최규민

나는 요즘 머리가 많이 아프다. 나름 이유를 생각해보면 이러하다.

첫 번째, 마스크를 많이 써서 인 것 같다. 마스크를 썼을 때 숨을 내뱉으면 이산화탄소를 내뱉는데 들이마시면 다시 이산화탄소를 들이마시게 된다. 정상적으로는 산소를 들이마시고 이산화탄소를 내뱉는 것인데, 이렇게 되면 더욱 고통스럽게 된다. 그러면 이것은 비정상적으로 되는 것이다. 마스크를 장시간으로 끼고 있으면 날숨 때 배출되는 체내 이산화탄소가 마스크 내부에서 축적된다는 것이다. 그러므로 마스크를 많이 쓰면 머리가 아픈 것이다.

다만, 벗고 다닐 수 없을 뿐이다.

두 번째, 너무 많이 먹어서이다. 무엇을 급하게 먹거나 많이 먹으면 체를 해서 머리가 아프게 되는 경우이다. 최근에는 체하는 경우가 좀 더 빈번해졌다. 체하면 가스 활명수나 타이레놀을 먹는다. 꼭꼭 씹어 먹고 적당히 먹어야 한다는 사실을 모르지 않는다.

다만 실천이 잘 되지 않을 뿐이다.

세 번째, 인터넷이나 스마트폰을 많이 해서이다. 이런 것을 많이 하면 경추성 두통이 일어난다. 경추성 두통은 스마트폰을 할 때 거북이처럼 목을 숙이는 자세를 취하는 사람에게만 생긴다. 목을 세우지 않고 굽힌 자세로 오래 있으면 목뼈가 틀어진 상태로 지속되어 목을 지나는 제2, 3 경추 신경이 자극을 받는다. 그러면 머리가 아프기 시작한다. 이런 것들을 고치려면 명상을 하거나 휴식을 취해야 한다. 그러면 두통이 나아진다. 나도 다 안다.

다만 실천이 잘 되지 않을 뿐이다.

진리

한도현

    고기를 먹기 전엔 일단 무조건 굽는 시간이라는 아주 힘든 시간이 있다. 그 시간은 군침이 싹 도는 시간이다. 나는 기다리면서 집중해서 고기를 바라본다. 경건하게 기다려야 한다. 그래도 어쩔 수 없이 손가락으로 식탁을 두드리기도 하고, 발을 떨기도 한다.

    3…

2…

1…!

지금이다! 나는 시간이 됐다 싶으면 바로 고기를 낚아챈다. 갓 구워진 노릇노릇한 고기를 내 입에 쏙 넣으면 상상도 못 한 꿀맛이 일어난다!

육즙을 살살 굴려서 먹으면 대박이다!

고기를 젓가락으로 집어서 소금에 살짝 딱! 찍어 먹으면 소금의 짭짤한 맛과 고기의 고소한 맛이 합쳐져서 최고의 조화를 이루고, 고기에 소스를 찍어 먹으면 고소하고 달짝지근하다.

돼지고기는 김치랑 먹어도 맛있다. (소고기 제외)

김치의 식감과 고기에 맛이 합치면 식감과 맛이 레전드다.

역시 고기는 각자 맞는 소스나 음식이 있는 듯하다.

삼겹살=김치

돈가스=소스

소고기=소금

고기는 언제나 진리다!

가끔은

최승민

가끔은 동생인 게 좋을 때가 있다.

얼마 전 일이다. 할머니가 오셔서 오래간만에 치킨을 먹었다. 교촌 치킨을 시킬까? BBQ을 시킬까?

고민하다가 결국 교촌치킨을 시켰다. 오랜만에 먹는 치킨이어서 맛 있게 먹을 준비를 하는데 갑자기 무언가 이상하다는 것을 깨달았다.

닭다리가 1개밖에 없는 것이다. 나는 재빨리 닭다리를 잡으려고 하였지만, 누나는 그다지 만만하지 않았다. 내 생각을 알아챈 누나가 먼저 닭다리를 잡은 것이다. 부드러운 닭다리 살이 내 입으로 들어오는 달콤한 계획은 물거품이 되어버렸다. 이럴 땐 하는 수 없이 가위 바위 보를 한다. 긴장되는 순간 나의 구세주가 나타난다. 엄마는 내가 동생이니까 누나보고 양보를 하라고 했다.

이럴 때는 동생이라서 좋다.

괜히 썼다

김건우

오징어 게임만큼이나 우리 반에도 유행하는 게임이 있다.

바로 묵찌빠!

이 단순한 게임을 친구들은 쉬는 시간마다 한다.

한 번은 찬호와 지민이가 묵찌빠를 했는데 지민이가 져서 호들갑을

떨었다. 그도 그럴 것이 찬호의 딱밤은 엄청 세기 때문이다. 지민이의 뇌세포가 많이 없어질 것이 분명하다.

최근에는 찡찡이와 찬호가 많이 하는데 아프니, 안 아프니 하면서 계속 이 게임을 즐기고 있다. 나도 찡찡이와 한 번 했는데 전혀 아프지 않다는 말에 분한 마음이 들기까지 했다.

묵찌빠 예전에는 또 다른 게임이 유행했다. 그 게임이 바로 포테토 칩 게임이다.

이 게임의 규칙은 가위바위보를 해서 지면 손을 아래 두고 계속 가위바위보를 하고 이제 올릴 손이 없으면 위에서부터 아래 있는 손을 때리는 것이다. 그리고 제일 밑에 있는 손만 피할 수 있다. 그 대신 피하기가 어렵다.

이 게임을 하는 이유는 이때까지 친구들에게 서운했던 만큼 때릴 수 있기 때문이 아닐까 생각해본다. 나도 예전에 게임 규칙을 잘 듣지 못하고 세게 맞아 피멍이 든 적도 있다.

그런데 진짜 문제는 엉뚱한 데서 발생했다.
더 이상 게임을 할 수 없게 된 것이다.
이 글을 보신 선생님께서 게임을 하지 못하도록 금지시켰기 때문이다.

괜히 썼다!

내가 도저히 이해할 수 없었던
어른들의 언행

박지원

많은 어린이들은 항상 엄마, 아빠 같은 부모님이나 선생님, 할머니 할아버지 같은 친척들이 하는 말이나 하는 행동이 이상하다고 느끼는 경우가 많을 것이다.

왜 그럴까? 우선은 세대 차이 때문이라고 해두자.

나도 그랬다. 어렸을 때는 이상하게 느껴지고 헷갈렸던 언행들이 정말 많았는데, 그건 대다수 가족으로부터 들었거나 본 거였다. 이런 것을 발견할 때마다 내가 이모한테

"이모, OOO이 뭔 뜻이에요?"

"이모! 방금 할머니가 OOO이라고 했는데 이상해요."

이모는 계속되는 나의 질문 때문에 진절머리가 나서 10년은 더 늙는 거 같았다고 했었다. 나는 호기심 많았다. 아무튼 내가 도저히 이해하지 못한 어른들의 언행에 대해 이야기해보겠다.

첫 번째는 "시원한 목욕탕"이다.

엄마는 엄청 뜨거운 탕에 들어가서 푹 쉬는 걸 좋아했다.

근데 웃겼던 포인트는, 엄마가 "시원하다"라고 맨날 말하는 것이다.

이것 때문에 수영장처럼 시원한 탕인 줄 알고 내가 그 엄청 펄펄 끓는 탕에 들어가서

화상을 입을 뻔했다니… 지금 생각해보면 참 웃프다.

다음으로는 이모의 "달달한 커피"이다.

우리 이모는 거의 커피 수집가이다. 이모는 이모가 어렸을 때 예쁜 커피머신은 눈에 보이는 대로 샀다고 했고, 지금은 온갖 카페나 유명 커피 브랜드에서 커피 캡슐을 사다 쟁여두고 있다. 정말… 이모는 커피를 사랑한다. 커 매일 아침 커피를 마실 정도로….

어느 날, 이모가 커피를 마실 때, 이모가 이런 말을 했었다.

"오. 이건 좀 달다."

"진짜요? 나도! 나도!"

그때가 내가 한 7살 즈음? 이였는데, 그 시기가 한창 단 사탕이나 초코에 푹 빠졌었던 때라 '달다'는 말만 나오면 난 먹으려고 했다.

이모가 마시고 있던 커피가 설탕과 마시멜로우가 가득 들어간 핫초코 정도의 당도일 것이라고 생각했었다.

"이거 몸에 안 좋은데…"

"아! 그래도!"

나는 사정사정을 해서 커피 한 모금을 얻어 냈다.

한 모금 마시는 순간…

'퉷!'

나는 커피를 토했다. 우웩. 이렇게 쓰고 맛없을 수가…

커피는 핫초코의 맛과 정반대였다. 웬만한 한약은 뛰어넘고… 공진 단 500개를 물에 탄 느낌이랄까.

"이게 달아요?"

"달지. 니한테는 달진 않겠네."

완전히 속아 넘어간 느낌이었다. 앞으로 저 까만 물은 먹지 말아야 지라고 다짐했던 기억도 새록새록 떠오른다…

비슷한 기억으로… 물인 줄 알고 마셨던 소주 한 모금

마지막은 "인생 쓰다"는 말이었다. 처음에는 인생이 쓰다고 들었을 때 인생이 음식인가 하고 생각했다.

"엄마 인생이 뭐예요?"

"음… 삶?"

"그게 왜 써요?"

"어… 삶이 힘들다는 거겠지?"

"아 그래요?"

12살인 지금은 안다. "인생이 쓰다"라는 의미를.

혹시 독자 분들도 아는 다른 세대의 사람들의 도저히 이해할 수 없는 언행들이 있다면 꼭 알려주세요!

억울함

이찬호

어느 때와 같이 엄마가 나를 혼내시고 있다.

갑자기 어디 계신지도 몰랐던 아빠가 불쑥 나오신다.

"찬호야 이제 좀 그만해라! 엄마 말이 다 맞다!"

라고 하시고는 갑자기 나를 혼내신다.

뭐지 이 상황은?

가뜩이나 억울한 상태인데.

지금 엄마에게 혼나고 있는 것도 형이 잘못했는데도 내가 대신 혼나고 있는데, 엄마가 나오셔서 상황을 들어 보지도 않고 내가 무조건 잘못했다고 나를 혼내고 있는데 지금 그걸 아빠가 거들고 있다. 심지어 아빠는 왜 혼나는지도 모르고 그냥 엄마가 나를 혼내고 있으니까 무조건 혼내고 있는 거다.

"아빠 내가 왜 혼나고 있는지 알아?"라고 물어보면

아빠는 역시나 모르신다.

그냥 아빠는 무조건 엄마 편이다.

왜 아무 잘못 없는 나를 혼내시냐고요!

정말 화가 부글부글 났다. 형이 잘못 한걸 다 말해서 엄마 아빠를 민망하게 하고 싶은 마음뿐이다.

흐름

김건우

아 벌써 토요일이다 벌써 토요일이 되어 버렸다. 어쩔 수 없이 벼락 치기를 할 수밖에 없다. 그런데 수학 숙제와 영어 숙제가 남아있다. 그러면 음… 그래 오후 3시부터 공부하는 거야!

아 벌써 3시가 되어버렸다. 그래 이제 해야겠다. 30분밖에 안 지났는데… 아 심심해. 잠시 놀 것을 찾아볼까. 아 맞다 내일 사회 시험이지. 얼른 숙제해야겠다. 와 너무 힘들다. 7시가 돼서 겨우 끝났네. 밥을 먹고 사회시험공부를 하려고 하는데 범위가 너무 넓고 왕의 이름과 지역별 이름도 하나도 몰라서 어떻게 공부할지 모르다가 문득 좋은 생각이 났다. 5학년 1학기 여름방학에 아빠가 5학년 2학기 예습을 하라고 ebs영상이 있어서 그걸 보면서 공부를 하면 되겠다. 한꺼번에 사회공부를 하니 너무 어렵다. 그래도 영상을 보면서 하니 공부가 쉬워진 것 같기도 하지만 우리 햇반 선생님보다는 설명을 못 하는 것 같다. 벌써 12시가 되었다. 하얗게 불태웠다. 이제는 웬만해선 거의 기본은 안다. 헤헤.

드디어 사회 시험 날이다. 으 너무 떨린다. 그런데 선생님은 진도가 덜 나가서 내일 시험을 친다고 하신다. 좋은 것 같기도 하고, 안 좋은 것 같기도 하다. 그래도 나한테는 잘된 일이라고 생각하자. 오늘도 어제처럼 열심히 공부하였다.

드디어 진짜 시험이다. 선생님이 문제를 불려주시는데 한 번에 못 들으면 그 문제는 틀리는 거라서 더 어려웠다. 집중해야 한다. 그래도 단답형 문제라서 괜찮았다. 45문제의 문제를 풀고 채점을 한다. 37문제나 맞았다. 나는 최선을 다해 공부를 하고 받은 점수라서 마냥 뿌듯했다. 나만 이러는 건지 모르겠지만 대부분의 친구들도 벼락치기를 많이 했을 것이다.

멋진 이월드

김현진

화창한 10월, 아침에 설레는 마음으로 학교에 왔다. 오늘은 친구들과 함께 이월드 가는 날! 이월드 가는 버스는 엄청 큰 버스였다. 이월드 도착해서 먼저 회전목마를 탔다. 트롤리버스같이 생긴 마차를 탔는데 빙빙 돌아서 어지러웠다. 그리고 범퍼카를 탔는데 매우 짜릿했다. 범퍼카는 액셀, 브레이크, 운전대 핸들로 구성되어 있었다. 속도가

엄청 빨랐다. 친구들이 타는 기구들은 부메랑, 바이킹 등등. 함께 타지
못해 부러웠다. 다음에 가족과 함께 와서 반드시 타 보리라.

12살 아들을 가진 세상 어머니께

김지은

　　결코 짧지만은 않은 12년을 살아오면서 무수히 많은 남과 여를 만났다. 나는 패션에 관심이 많은 12살 여자이다. 나는 지금 12살의 남자 아이들의 충격적인 옷차림을 바라보는 12살의 여자아이 입장에서 하소연하고자 한다.

얼마 전 꽤나 친한 남자아이가 상큼 발랄한 연두색 점퍼를 입고 왔다. 그래 연두색이 나쁘다는 것이 아니다. 그런데 12살 남자와 연두색의 조합은 어울리지 않는다. 처음 그 점퍼를 봤을 때 충격도 컸지만… 그 점퍼의 내부를 봤을 때 충격은 배가 되었다

왜냐하면… 그 점퍼는

마치…

고깃집에 가면 나오는 쌈(상추)과 너무 닮았기 때문이다.

친구야. 상큼 발랄한 연두색 점퍼는 5학년과는 어울리지 않는다고!

하나를 더 얘기해 보자면 예전 온라인상에서는 'O끼니진'이라는 짤, 밈이 유행했었다.

나는 그 밈을 실제로는 보지 못하고 그저 웃긴 이야기라고 치부했다.

그런데 점점 가을이 멀어지고 겨울이 다가오던 어느 날

그 일이 실제라는 사실을 알았다.

바로…

이런 류의 바지를 입는 우리 학년 남학생들! 아… 이건 아니지…

하지만 이들의 패션 아이템보다 더 나를 뒷목 잡게 만드는 것은 따로 있다.

바로

수영 선수들이 많이 입는 래시가드 비슷한 체육복들이다!

래시가드는 자고로 만지면 반들반들한 촉감에 몸에 딱 붙는 운동복이 아닌가. 그런데 요즘 급식을 후다닥 먹고 나서 교실에 올라오다 보면 1반부터 5반까지의 남학생의 65% 정도가 이러한 옷을 입고 있다.

아니 운동복은 운동할 때 입어야지 도대체 왜 평상복으로 입고 오냐 말이다. 이해가 안 된다. 한 번은 이런 옷들을 왜 입는지 남자아이들에게 물어볼 기회가 생겼다. 그 친구는 무심히 대답했다.

"그냥, 엄마가 입으라고 줬는데, 혹은 편하잖아."

뭐야! 그럼 이 모든 5학년의 패션 테러 사건들은 모두 엄마의 감각이었단 말인가.

최근에 마음이 가는 남학생이 생겼는데 선생님께서 그 아이 어디가 좋으냐고 물으셨다.

"음… 그 아이는 그나마 옷을 잘 입어요!"

"그래? 옷은 다 비슷하게 입지 않니? 그 아이도 그냥 평범하게 니트나, 면티를 즐겨 입는 거 같은데…"

"그러니깐요. 요즘은 니트나 면바지를 입는 클래식한 옷차림을 한 남학생이 귀하다고요!"

그렇다! 인기 있는 남학생이 되기 위한 조건으로 옷차림은 매우 중요하다. 세상의 12살 남자 어머니에게 조언드리고 싶다.

옷차림에 전혀 관심이 없는 12살 남자아이를 인기 있는 아들로 만들고 싶다면 제발 맨들맨들 래시가드 타입의 체육복만은 입히지 말아 주세요!

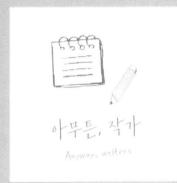

아무튼, 작가

Anyway, writers

아무튼, 작가

Anyway, writers

"수업 시간에 나눈 책 수다 중

몇 개를 담아봅니다."

[부록]

시시콜콜한 책 수다 ☆

예쁘게 진실을 말하는 법

《나는 사실대로 말했을 뿐이야》

박지환

오늘 과학 시간에 교과실에서 실수로 실험 도구를 깨트렸다. 수업을 마치고 교실로 돌아오는 입구에서 우리 반 친구들의 목소리가 들려왔다.

"선생님 과학실에서 큰일이 있었어요. 지환이가 실험 도구를 깨트렸어요!"

조금 뒤 또 다른 친구들이 교실에 들어서면 말한다.

"선생님 오늘 지환이가… 어쩌고 저쩌고…"

틀린 말은 전혀 아니다. 그러니 딱히 할 말도 없다. 그런데 이상하게 기분이 나쁘고 친구들에게 서운한 마음이 들었다.

굳이 그렇게 쏜살같이 이야기까지 할 필요가 있는가 말이다.

나도 예전에 책 속의 리바처럼 진실은 언제나 좋은 것이고 거짓은 나쁜 것 인 줄만 알았다.

그런데 진실을 말하는 것에도 방법이 있다.

나쁘게 진실을 말하는 방법이 있고 착하게 또는 예쁘게 진실을 말하는 방법이 있다는 것을 이 책을 통해 배웠다.

진실도 예쁘게 말할 줄 알아야 한다.

인생 쓰다 나무나무

《이파라파 냐무냐무》

Anyway, writers

안녕하세요? 제 고민은 용돈이 없어서 고민입니다.

맨날 친구한테 얻어먹고 사 주지를 못해요. 어떻게 하면 좋을까요?

- 인생이 쓰다는 그대에게. 애야, 인생은 원래 뜻대로 되지 않는 법이란다. 그래서 더 재미있는 거 아니겠어?

- 조금만 기다리면 추석이에요. 큰돈이 들어와요.

- 인생은 원래 쓴 거야.

- 어른 되어서 돈 많이 벌어서 친구들 사주면 되지.

- 어머니와 용돈 협상하세요!

- 일단 아침에 부모님보다 일찍 일어나서 나갈 준비를 하고, 이부자리를 정리 후 문 앞에서 무릎 꿇고 엄마나 나오면 "용돈 좀 주세요"라고 하세요. 안 주시면 카톡으로 준다고 하실 때까지 계속하세요.

치내지고 싶어 나무나무

《이파라파 나무나무》

안녕하세요 저는 OOO이에요. 저는 요즘 어떤 여자애하고 친하게 지내고 싶어요. 그런데 그 아이는 저를 싫어하는 것 같아요. 그렇게 생각하는 이유는 절 볼 때 때리려는 포즈를 취해서 표정이 무서웠어요. 그래서 지금은 말 걸기조차 좀 그래요. 저는 그 아이랑 친해지고 싶은데 어떻게 하면 좋을까요?

- 그 친구에게 먼저 말 걸어 보세요! 겁먹지 말고!
- 친절하게 행동하세요.
- 무서워말고 다가가세요… 용기! 맞더라도 가세요.
- 그 여자애가 왜 당신을 싫어하는지 스스로 생각해보시고 당당하겐 때리려는 포즈를 하지 말라고 하세요.
- 조금씩 잘해줘요. 맞아도 괜찮아요.

넘귀차나 냐무냐무

《이파라파 냐무냐무》

안녕하세요 제 이름은 '침대 밖은 위험해'(익명)입니다. 요즘 제 고민은 제가 점점 게을러진다는 것입니다. 저학년 때는 밖에 나가 운동도 하고, 여행도 가고 했는데, 코로나가 빵! 하고 터진 이후로 밖에 한 번도 안 나가고 (학교, 학원을 제외하고) 있습니다. 처음엔 코로나를 탓했지만 계속 집에 박혀 있다 보니 '귀차이즘'이 이유였다는 것을 알게 되었습니다. 그래서 살도 찌고, 키도 안 크고, 운동신경도 녹슬고, 이제 집에서 한 발짝 걷는 것도 귀찮습니다. 어떻게 하면 좋을까요?

- 친구를 많이 만드세요. 친구와 영상통화를 하는 것도 방법입니다.
- 코로나가 곧 없어질 테니 조금만 참으세요.
- 귀찮더라고 계속 움직여야 해요. 학원 수를 늘려보는 건 어때요?
- 유튜브에서 운동 영상을 보며 규칙적으로 운동하는 게 좋겠어요.

동생시러 냐무냐무

《이파라파 냐무냐무》

안녕하세요. 저는 요즘 동생이 너무 싫습니다.

맨날 제 방에 와서 숙제하는 걸 방해하고 감시하는 것 같아 기분 나쁘게 만듭니다. 또 거일 매일 자꾸 따라다녀서 아주 짜증이 납니다. 그리고 매일 저를 이기려는 이상한 짓을 하다가 사고를 칩니다. 그래서 저는 이 동생이 너무 싫습니다. 앞으로 어떻게 해야 할까요?

- 동생이 싫은 그대에게. 어머니께 말씀드리고 동생이랑 확실하게 서열정리를 하세요. 뺀질이들은 매가 약입니다.

- 동생이란 자고로 그런 법. 한 대 치세요.

- 눈빛으로 기선 제압하세요.

- 하지 말라고 확실하게 말하고 계속한다면 문을 잠그거나 부모님한테 말하세요.

- 폰으로 증거 영상을 찍어서 엄마에게 보여주세요.

보라야

《눈보라》

박준상

보라야 안녕! 난 대한민국에 사는 준상이라고 해.

보라야 마을에서 너를 오지 말라고 했어. 그건 네가 싫어서가 아니고 무서워서 오지 말라고 했을 거야. 너무 슬퍼지는 마. 그리고 판다로 분장을 하면 사람들이 좋아한다는 아이디어도 나쁘지 않았어. 다만 거짓은 언제나 문제를 일으킨다고 생각해. 마지막에 총에 맞았는데 괜찮아? 친구들은 네가 죽었다고 하는 데 나는 네가 죽지 않았다고 생각해. 내가 이제부터 플라스틱 사용을 줄여보도록 노력할게!

너를 생각하며.

희망을 주는 사람

《위를 봐요!》

정지원

    너는 참 착한 아이구나. 여자아이를 위해 함께 드러누워 주는 모습은 정말 감동이었어.

    나는 누군가에게 도움을 되는 일이란 게 엄청 거창하고 구체적이어야 한다고 생각했거든.

    세상을 바라보는 각도를 조금만 바꾸어도 다른 세상이 보이는 거구나.

    나도 너처럼 누군가에게 희망을 주는 사람이 되고 싶어.

거북아, 뭐하니?

《거북아, 뭐하니?》

박지원

발라당! 뒤집힌 거북이.

혼자서 일어날 수도 없고, 시간도 촉박하다. 거북이는 다시 일어날 수 있도록 도움을 청해야 하는데. 거짓말을 하고 꾀를 생각해내고. 부탁 한마디를 못 말하고 온갖 방법을 다 쓰며 자신이 뒤집혀 못 움직인다는 것을 거짓말로 포장하고 꾀로 이 상황을 구제하려 한다.

내가 생각하는 이런 상황의 문제는 두 가지이다.

첫 번째는 자존심이다. 일반적인 자존심은 문제가 없지만, 지나치고, 나쁘고, 몰아붙이려 하는 자존심은 문제가 있다. 거북이처럼 자신이 곤경에 빠져 있던 큰 문제에 얽혀 있을 때 부끄럽고 창피한 건 알지만 그렇다고 자존심 때문에 남의 시선에서 도피하면 상황을 더 배배 꼴 수 있다.

두 번째는 잘못된 언행이다. 처음에 많이 당황한 것은 이해한다. 하지만 거북이가 말하고 행동한 모든 언행은 잘못되었다. 부탁하는 태도, 자신에게 도움을 주세요 라는 뜻의 부탁은 항상 공손하고 예의 바르게 해야 한다. 하지만 거북이처럼 꾀를 부리거나 거짓말을 하면, 그런 건 부탁의 언행에 어긋난다. 거북이가 좀만 더 공손하고 예의 바르게 부탁한다면 친구들이 성심껏 도와주었을 텐데…

거북이가 정말 안쓰럽다.

상냥한 거짓말

《나는 사실대로 말했을 뿐이야!》

박지원

사실은 있는 그대로를 말하고, 거짓은 진실인 양 허구적인 이야기를 만들어내는 것이다. 거의 모두는 거짓보다 사실이 더 낫다고 대답할 것이다. 하지만, 남이 드러내길 원하지 않는 진실, 다른 사람이 다른 의미로 오해할 수 있는 진실, 또는 상황과 분위기에 맞지 않는 진실을 아무데서나 남발하면 어떻게 될까? 당사자, 즉 피해자는 마음에 상처를 입을 것이다. 그리고 계속 그렇게 정의롭지 않은 진실을 계속 남발하면 어떻게 될까? 그러다 보면 친구도, 인연도, 정도 뚝뚝 떨어질 것이다. 리비가 그런 것처럼, 진실을 말한 사람은 의아할 것이다.

진실을 말했는데, 왜? 거짓말보단 낫잖아.
아마도 이렇게 생각할 것이다. 하지만, 해답은 다른 데 있다.
상냥한 거짓말 또는 새하얀 거짓말.

거짓말은 사람들에게 나쁜 것으로 인식되기 쉬운데, 남의 마음을 상하게 하지 않고 숨기고 싶은 진실을 숨겨주는 하나의 실용적인 수단이 될 수도 있다. 진실은 하나만 존재하지만 거짓말은 무한한 가능성이 존재한다. 그중엔 보듬어주는 거짓말이나 상냥한 거짓말 등이 있는데, 이것들은 친구들이나 가족들에게 단단한 우정과 정의 끈으로 사용할 수 있다.

명작 《어린 왕자》

주진경

내가 처음 어린 왕자라는 책을 봤을 때는 그냥 재미있는 정도였다. 그런데 나이가 조금 많아지고, 다시 읽어보니 어린 왕자를 이해할 수 없었다.

어린 왕자가 어른들에게 예의가 없어 보였기 때문이다. 어린 왕자가 말하는 것에 뜻과 의미를 이해하지 못했고, 어린 왕자의 행동조차 이해할 수 없었다. 양을 그려 달라고 해서 그려 주었더니 불평불만을 마구 늘어놓고, 장미를 그냥 버리고 가 버렸다. 황금 뱀을 만났을 때도 그냥 가 버렸다. 여우도 겨우 길들이고는 그냥 가 버렸다. 우물을 찾아갈 때도 자신이 목이 마르다는 이유만으로 비행기를 고치던 주인공에게 우물을 찾으러 가자고 조르기만 하였다. 그러고는 그냥 자기 별로 돌아가 버렸다.

그리고 떡국을 좀 더 먹고 다시 한번 어린 왕자를 읽어 보았다. 그런데 이번에는 어른들의 대사가 와닿지 않았다. 왜인지는 나도 잘 모르겠다. 어째서 아이가 원하는 말은 한마디도 해 주지 않는 것일까? 알면서도 일부러 말하지 않는 것일까? 아니면 정말 몰라서 안 하는 것일까? 어찌 되었든 몇몇 어른들은 어린이들은 어리니까 어른들의 말에 복종해야 하고, 어른이니까 아이들에게 우대받아야 하며 아이의 의견은 중요하지 않고 그냥 어른이 하라는 대로 하면 된다고 생각하는 것 같다.

어딜 가나 어린이는 그냥 잼잼쓰라는 안 좋은 인식을 가지고 다녀야 한다. 언제나 그렇다. 어린이들은 우대받지 못한다. 편의점을 가면 어리다는 이유로 노려본다. 진짜 왜 저러는 걸까? 어린아이들에게 시달리기라도 한 걸까? 나는 그냥 물건만 사고 나가는데 눈치 보여서 살겠나. 시내에 가면 '저 코딱지 만한 애가 왜 저기에 있엉ㅋ'이라는 눈빛으로 쳐다본다. 그런데 그 사람들도 키가 평균 이하인 경우가 많다. 그럴 때마다 생각한다.

'엊어엊어어어어 엊절팁이 으어어엊어엊 엊절팁이 응 아직 나이 덜 먹었어 으응 아니야 응 난 젊어 응 부럽죠?ㅋㅋ 응 늙어서 좋나? 응 난 어리고요ㅋㅋ 난 피부 깨끗하죠? 응 난 아직 성장판 잘 열려 있죠?' 조금 유치하지만 이렇게라도 자기 합리화를 해 보는 것이다.

다시 어린 왕자의 내용으로 돌아가서 주인공은 천재였던 것 같다.

나는 코끼리를 삼킨 보아뱀 그림을 보고도 아무 생각 없이 지나갈 것 같은데, 어떻게 그 그림을 보고 많은 생각을 했을까? 그 점에서 주인 공은 자신이 좋아하는 것에 진심이고, 눈썰미가 좋은 것 같다. 비행기를 타다 추락한 것도 자신이 좋아하는 것에 진심이라는 걸 알 수 있다. 비행기 조종과 비행기에 대해서 배우는 것은 무척 어렵다. 그것을 도전하고 열심히 공부하여 비행기를 조종해 봤다는 것도 대단한 것이다. 그 비행기를 추락시켰다는 것은 시도를 해 봤다는 것이다. 실패를 하면서 배우는 게 많은 듯 주인공은 비행기를 추락시키며 어떻게 조종해야 더 잘 조종할 수 있는지 배웠을 것이다. 그 비행기를 고치려 했던 것도 마찬가지이다. 나였다면 비행기를 고치기보다는 먹을 것을 찾고 다른 방법으로 나갈 방법을 찾았을 것이다. 어린 왕자에게 관심을 보이고 양을 열심히 그린 것도 그렇다. 나였다면 어린 왕자에게 관심을 가지기는커녕 무시했을 것이다.

나는 마지막 어린 왕자가 황금뱀에게 물려 죽었을 때 어떤 기분이 들었는지 궁금하다. 배신감이 들었을까? 아니면 후회했을까? 아니면 만족했을까? 배신감이 들었다고 하면 뱀이 돌아가게 해 준다고 했을 때 자신이 뱀에게 물렸을 때 자신이 죽을 것을 모르고 있었을 것이다. 후회했다면 자신이 죽을 것을 알고, 자신의 별에서 만족할 걸이라고 생각했을 것이다. 만약 만족했다면 자신이 죽을 것을 알고 여러 가지를 알고 체험하고 많은 것을 본 것에 만족했을 것이다. 나는 어린 왕자가 마지막에 죽을 줄은 몰랐지만 그 결말이 마음에 든다.

어린 왕자는 마냥 어린이들의 동화책인 줄만 알고 읽었지만, 보면 볼수록 매력이 많이 숨겨진 최고의 명작이다.

아무튼, 작가

Anyway, writers

아무튼, 작가

Anyway, writers

"햇반 작가들의 후기"

작가의 말 ☆

이찬호

    나는 무엇을 쓰고 어떻게 하는지 모른 채 이 아파트에 들어왔습니다. 이 아파트에는 5학년들이 살고 있었습니다. 이 아파트의 관리인은 우리 아파트에 살고 있는 입주민 모두에게 에세이를 써 보자고 하셨습니다. 어떤 이웃은 좋아라 하며 엄청 많이 적어나갔고, 어떤 이웃은 적기 귀찮아서 느리게 1개… 2개… 적어 나갔습니다. 나도 에세이가 적기 귀찮은 주민 중 하나였습니다. 그래서 굉장히 천천히 한 개씩 적어나갔고 가끔은 옆집 이웃을 따라 열심히 써 나갔습니다. 진심이 담기지 않은 에세이는 다 불태워? 버리는 관리인 때문에 우리 주민들은 모두 그렇게 최대한 자신의 얘기를 솔직하게 써나갔습니다. 그리고 결국 책 한 권이 완성되었습니다. 사소하고 진심이 담긴 이야기 하나하나가 엮여서 만들어진 한 권의 책, 그게 바로 '아무튼, 작가'입니다.

    이 책을 통해 우리 아파트 주민의 평범하지만 평범하지 않은 사소한 일상을 한눈에 볼 수 있으며, 계속 들여다보면 우리 아파트 주민도 세상의 모든 지구촌 이웃들처럼 중요한 주민이라는 것을 알게 될 것입니다. 많은 선택권을 가진 어른 이웃만큼이나 중요한 구성원이라는 사실을.

박지원

"이거 이렇게 써도 되는 거 맞죠?"

벚꽃이 떨어지는 3월 봄, 새록새록 떠오르는 선생님의 한마디.

"저희 에세이 쓸 거예요. 작년 햇반도 책 하나 발간했어요."

친구들은 모두 막막했을 것이다.

'에세이를 쓰라고…? 음… 주제는 무엇으로 하지? 음…?'

친구들은 뇌리에 스쳐 지나간 모든 아이디어와 토픽들을 활용해 적었다. 그러다 보니,

"이 주제로 써도 돼요?"

"이걸로 쓰면 안 될 것 같기도 한데…"

라는 말들이 난무했고, 에세이 공유 드라이브 파일에는 예상치 못할 다양한 주제들로 쓰인 글들이 가득 차기 시작했다.

"이렇게 다양해도 되려나."

10월의 끝자락, 책이 완성되었다. 사실 혼잡하고 일관성이 전혀 없는 책을 예상했기 때문에 기대감도 낮았다. 그런데 웬걸? 오히려 다채롭게 하나로 엮어진 일상 이야기가 담긴 우리들의 책을 보고 깜짝 놀랐다. 그리고 그 속에는 우리의 일상이라는 하나의 주제가 아주 잘 녹아 있었다.

우린 어른이 아니다. 우리들은 글을 매우 잘 쓰는 전문 작가도 아니고, 베스트셀러 또는 스테디셀러 책 작가도 아니다. 하지만 초보 작가

로서 독자들이 생각해줬으면 하는 것은 분명 하나 있다.

우리의 이야기를 있는 그대로 봐주었음 한다. 우린 5학년 친구들 하나하나의 소소한 일상 이야기와 머리에 떠오른 모든 것에 의미를 담았다. 솔직하고 담백하고 자연스럽게 우리들의 5학년을 엮었고, 이 에세이로 우리들만의 세계관이 완성되었다.

우리들이 느낀 생각과 감정. 햇반과 함께한 5학년으로 생성된 우리들의 가치관. 그리고 행복.

우리들만의 세상. 방대한 바다. 무한한 우주. 햇반 말고 누구도 침범하지 못하는 그런 세상.

때론 웃기고, 때론 재미나고, 때론 즐겁고, 때론 속상하고, 때론 행복하고, 때론 짜증이 나지만.

그런 하루하루도 모두 소중한 우리들의 5학년.

심각하고 진지하게 생각하지 마. 우린, 아무튼, 작가니까!

조윤서

　그냥 시키니까, 하라고 하니까. 하나하나 모인 우리들의 이야기들이 모여 한 권의 책이 되다니, 사실 아직까지 믿기지 않습니다. 이 책은 그냥 5학년, 12살 아이들이기에 가능한 상상, 생각의 나래를 펼쳐본 책입니다. 그래서 이 책을 읽는 동안에는 열두 살 어린이의 관점으로 읽어주길 바랍니다.

　글을 술술 잘 쓰는 친구를 보면 부럽고, 감탄이 나옵니다. 나는 사실 처음에는 글을 잘 쓰지 못했습니다. 글이란 특별한 일들만이 글 소재로 적절한 줄 알았습니다. 책이란 특별한 능력을 가진 사람만이 쓰는 것이라 생각했습니다. 하지만 조잘조잘 일상 속의 간단한 일들이 글의 소재가 될 수 있다는 사실에 조금씩 글쓰기에 자신감이 생겼습니다. 여전히 부족한 작가이지만.

　마지막으로, 내가 이렇게 발전할 수 있게 도와준 친구들과 선생님께 감사를 표하며 마칩니다.

홍서진

글을 쓰는 것은 참 귀찮은 일이다. 어려우니 더 귀찮아진다. 우리 선생님은 우리 반 학생들은 모두 작가라고 말한다. 처음에는 긴가민가했다. 내가 글로 쓴 걸로 상도 한번 받아본 적 없고 특별나게 글 참 잘 쓴다란 말도 별로 못 들어 봤는데… 솔직히 그냥 대강대강 쓰고 끝내고 싶었다. 시작은 그러했다. 그런데 글을 쓰다 보니 생각이 바뀌었다. 학교에서, 집에서 시간 날 때 가끔씩 글을 쓰다 보니 자연스레 핸드폰과 컴퓨터를 보는 시간이 줄어든 것은 물론이고 글을 쓸 주제를 생각하다 보니 예전보다 생각을 많이 하게 되었다. 학교에서 대회가 있거나 과제가 있을 때 글을 잘 써야 한다는 부담감으로 어쩌다 한번 글을 쓸 땐 주제가 생각이 안 나서 칸 채우기에 급급했는데 에세이를 쓰다 보니 '채워야 할 칸'에 대해 생각하지 않고 주제도 자연스레 잘 떠올랐다. 왜 어른들이 책을 많이 보고 글을 쓰는 게 좋다 하는지 이제 이해가 조금 간다.

난 이 '아무튼 작가'라는 책을 초등학생들이 읽으며 고개가 저절로 끄덕여지는 것을 상상해본다. 더 나아가 어른들 독자도 우리 어린이들도 우리만의 세상이 있다는 사실을 잊지 말기를 바란다.

김건우

여러분은 5학년에 대해서 얼마나 알고 있나요?

솔직히 저는 5학년에 대해서 잘 몰랐어요.

그런데 이 책을 만들면서 알게 되었어요.

바로 5학년의 세상은 우주처럼 넓다는 것을요.

처음에는 어떻게 쓸 줄 몰랐어요.

그래서 친구들이 쓴 글을 보았는데

각양각색한 주제와 재미있는 이야기들이 많았어요.

친구들의 글이 저에겐 좋은 선생님이 되어 주었어요.

그래서 지금 글을 꽤 잘 쓰게 되었어요.

혼자만의 착각이 아니냐고요?

그럼 이 책을 읽어보세요.

김민서

선생님께서 책을 출판하신다고 우리에게 말하셨을 때, 나는 정말 아무 생각도 없었고 끈기도 없었다. 솔직히 별 관심이 없었다. 그런데 친구들이 5~6편의 글을 써서 올릴 동안 나는 2~3 밖에 못 쓰게 되자 마음이 다급해졌다. 먼저 글을 완전 잘 쓰는 친구의 에세이를 봤다. 그런데 웬걸? 의외로 소소한 것들에 관해서 쓴 거였다. 너무 솔직해서 놀랐고 그래서 재미있었다. 선생님 말씀대로 솔직한 글이 최고의 글이라는 말이 이해되었다. 그때부터 잘 쓰겠다는 생각보다 솔직하게 쓰려고 노력했다. 결과는…. 나의 글이 편집부의 허락을 받아 많이 실리게 되었다. 구름 속을 방방 뛰는 김민서 작가.

에세이 쓰기는 스트레스받는 일상 속에서 벗어나 나만의 세상으로 들어가게 해 준다. 글쓰기란, 언니의 폰 훔쳐보기이다. 처음에는 언니 폰의 비밀번호 푸는데 시간이 걸리지만 막상 폰 속으로 들어가면 언니의 비밀을 볼 수 있어서 짜릿한 것처럼 글을 쓰면 나 자신도 몰랐던 나의 비밀을 알게 된다. 이래서 작가를 하나보다. 나를 들여다보기는 짜릿하다.

신동현

이 책은 5학년 친구들이 살면서 한 번쯤은 겪어 보았을 경험들의 담긴 종합세트이다. 5학년 일상 종합세트. 나는 무작정 글을 썼다. 무작정 쓴 글이라 말하지만 그 속에는 나라는 사람이 고스란히 담겨있다. 글을 쓰면서 정말 많은 생각을 하면서 어렵게 고른 단어들로 힘겹게 써 내려갔기 때문이다.

한도현

처음에는 글을 쓰는 게 참 싫었고 귀찮았다. 무슨 내용을 쓸지 아이디어가 생각이 안 나서 머리를 쥐어뜯을 때도 있었다. 그럴 때 선생님은 우리에게 이렇게 말하셨다. "여러분들은 이미 작가예요." 하지만 나는 그 말이 이해가 되지 않았다. 그 이유는 스스로 글을 못 쓴다고 생각했기 때문이다. 작가는 무슨? 그래도 선생님 말씀대로 작가에 빙의된 것처럼 써봤다. 그러니깐 정말 선생님이 말한 것처럼 진짜 내가 작가가 된 기분이었다. 이제 선생님이 말하는 것도 이해가 되고, 글 쓰는 것도 정말 재미있다. 재미있게 글을 쓴 만큼 독자에게도 우리의 재미가 그대로 전달되기를 바란다. 서툴지만 저의 진솔한 이야기, '아무튼, 작가'입니다! 즐겁게 읽어 주시길 바랍니다.

김지은

   겨울을 떨쳐내 버리려는 듯한 꽃들의 춤바람이 활발한 봄날, 새 학기를 시작하는 아이들이 시끌벅적 모여들었다. 교실에 들어서 보니 아주 무서워 보이는 선생님이 서 계셨다. 선생님께선 아주 신나신 표정으로 책을 만들 거라고 말씀하셨고, 아이들은 아이돌을 본 팬들처럼 열광했다. 그 후, 시간이 지나고 우리는 우리의 솔직한 감정을 써내려 갈 수 있는 작가노트와 생각 공책을 쓰기 시작했고 아이들은 술술 써 내려가기 시작했다. 나는 걱정이었다. 도대체 무엇을 써야 하는지 생각하는 게 낯설었고, 내 감정을 표현하는 방법을 모르겠고, 나의 솔직한 감정은 뭔지를 발견하는 것조차 너무나도 어려웠다.

   그러던 어느 날 갑자기 들이닥친 나의 삘에 꽂혀 글을 한 편 썼다. 그렇지만 막상 글을 써도 이게 맞는 건가 싶고 잘 못 쓴 거 같아 쭈뼛쭈뼛 선생님께 읽어봐 달라며 내밀었다. 우려와 달리 선생님은 진심이 잘 담긴 글이라며 감탄해 주셨다. 그 후로 진심이 담긴 글쓰기 방법을 마스터한 나는 글을 써 내려갔고, 작가노트와 생각 공책은 날로 갈수록 두꺼워졌다. 이 책은 나의 진심을, 친구들의 진심을 모아 하나로 묶은 것이다.

   우리의 겨울도 시작되었다. 우리는 계속 글을 쓰는 작가 활동 중이다.

이세빈

3월 새 학기 첫날 좋은 선생님을 만났다. 그 선생님은 이 책을 내주게 도와주신 햇반 편집장이시다.

솔직히 처음 쓸 때는 주제가 생각이 안 나고 어떻게 써야 할지 몰랐다. 하지만 무작정 써 내려가니깐 꽤 좋은 글들이 탄생했다. 하나 둘 써보니 추억도 회상하고 내가 한 일들을 돌아다보며 참 뜻깊게 살았다는 사실을 알게 해 주었다. 때로는 반성의 기회가 되기도 했다. 글 쓰는 게 이렇게 재미있었던 적은 처음이었다. 글을 쓰다 보니 글을 쓰는 방법도 자연스럽게 익히게 되고 어떤 표현을 쓸까? 어떤 내용을 쓸까? 고민해보게 되었다. 글은 가식이 들어가야지 잘 쓴 건지 알았는데 그건 내 착각이었다. 이때까지 써왔던 글은 국어책처럼 딱 틀에 짜여 있었던 것이다. 글은 가식이 아닌 진심, 진정한 공감이 들어가야지 잘 쓴 것이다. 독자들이 특히 5학년 독자들이 내 글을 보면서 웃으면 좋겠다.

박지홍

나는 2021년 6월 21일에 햇반에 입주한 신입 작가입니다. 작가가 되려는 생각 따위는 전혀 없었습니다. 그런데 우리 반은 모두 작가라고 합니다. 선택권은 없었습니다. 난감했습니다. 그 이후로 저는 다른 작가들의 글을 자세히 들여다봤습니다. 다른 작가들의 글은 아주 개성이 있었습니다. 저는 안 그래도 글을 잘 쓰지 못하는데 이런 유능한 작가들 사이에서 살아남으라니… 한숨만 나왔습니다.

첫 글쓰기는 너무 막막했습니다. 글을 처음 쓰는 것도 아니지만 어찌 보면 작가로서의 글은 처음이라 갓 태어난 병아리 마냥 오들오들 몸을 떠는 것 말고는 할 수 있는 게 없었습니다. 선생님과 대화도 나눠보고 방법에 대한 조언도 들었지만 그렇다고 글을 바로 써지는 것은 아니었습니다. 그래도 계속 썼습니다. 결국 반복하며 쓰다 보니 어렴풋이 방법을 깨닫기 시작했습니다. 이 책은 5학년의 솔직한 감수성을 엿볼 수 있습니다. 비록 신입작가들의 첫 번째 책이지만 많은 5학년 독자들이 다 같이 공감하며 읽어주시면 좋겠습니다. 감사합니다.

최규민

작가란 무엇일까? 작가는 시가, 소설, 에세이 등등을 쓰는 사람이다. 나도 옛날에 베르나르 베르베르라는 작가처럼 기발하고 세상을 깜짝 노래는 이야기를 쓰고 싶었다. (지금은 작가가 꿈은 아니지만)

그런데 그것을 이루었다. 우리는 10월쯤에 에세이를 완성했다. 글이 너무 많아서 내 것을 찾지도 못했다. 우린 완벽한 작가가 다 되어 있었다. 우리는 최고다. 누구든지 할 수 있다. 두려울 것 없다. 못할 것이 없다. 자신감을 가져라. 그래도 우린 오늘도 글을 쓴다. 왜냐하면 우린 아무튼 5학년이고 지금도 우리에겐 무수한 일들이 일어나고 있으니 말이다.

정지원

내 경험을 글로 써서 책을 만든다는 말에 처음에는 나의 솔직한 생각을 공개한다는 게 부담스러웠다. 하지만 글을 쓰는 과정에서 나의 감정이 점점 더 솔직해진 걸 느꼈다. 그래서 정말 솔직한 책이 나온 것 같다. 교과서의 바람직한 글이 아닌 진짜 우리 세계가 궁금한 독자라면 많이 공감하고 이해할 수 있을 것이다. 특히 내가 쓴 파일 삭제 사건은 꼭 읽어보길 추천한다.

박지율

저는 애착 베개, 달력 등 글을 쓴 작가입니다. 제가 글을 쓰게 된 계기는 선생님께서 책을 출판하겠다는 포부를 밝히셨기 때문입니다. 처음에는 별로 하고 싶지 않았으나 제 글이 편집본에 올라가게 되자 흥미를 느끼게 되었으며 지금은 개인 소설책도 내어 보고 싶을 정도로 글쓰기를 좋아하게 되었습니다.

저는 글을 쓰며 최대한 가식이 더해지지 않도록 노력했습니다. 더하지 않으려고 노력했습니다. 그래서 글이 그렇게 '너무 재미있다!'라는 반응이 나오기 힘들지도 모릅니다. 글의 재미보단 솔직함을 담았으니깐요.

그래도 별로 재미없다며 넘기지 마시고 천천히 읽어 주시면 진짜 12살의 세상을 들여다볼 수 있을 겁니다.

앞으로 우리 햇반 출판사에 다른 책들도 나올 수 있는데 기대해 주시면 좋겠습니다.

박주하

　먼저 이 책을 읽을 때는 평범한 12살 어린이의 관점으로 읽어주기 바란다. 처음 5학년이 되고 만난 우리 선생님은 학생 이름을 제대로 외우지 못해 매번 잘못 부르는 실수투성이셨다. 그런 선생님이 거창하게 책을 만들 거라고 하시니 뭔가 못 미더웠던 게 솔직한 마음이었다. 어쨌든 우리의 작가 생활은 그렇게 시작되었다. 나는 눈앞에 보이는 것, 순간 생각나는 것을 주제로 나답게 쓰려고 노력했다. 이 책을 만들 때 기존에 출판된 책을 참고하려고 찾아보았지만 어떤 도서관에도 어린이가 쓴 에세이 책은 없었다. 그리고 그 사실이 이 책을 만들고 싶었던 계기로 작용하였다.

　그렇다면 책에 대해 아무것도 모르는 그냥 평범한 5학년이 어떻게 책까지 쓸 수 있었을까? 우리는 잘 쓰려고 하지 않았다. 선생님도 잘 쓰라고 하시지 않았다. 진심을 담으라고 하셨다. 책 속 '재시 면제권을 위조한다'나 '회원가입을 할 때 생기는 일' 이야기는 그냥 평범하고 시시콜콜한 5학년 일상이다. 그저 우리만의 세계를 우리들의 언어로 이 책을 통해 펼쳐 보려고 한다.

　마지막으로 이 책을 만들 수 있게 도와준 친구들과 선생님께 감사의 말씀을 전하고 싶다.

최승민

나는 12살 꼬마 작가입니다.

12살 어린 나이에 햇반 선생님에 의해 우연히 책을 쓰게 되었죠. 작가가 되고 보니 작가들의 마음을 알 것 같습니다. 창작의 고통은 생각보다 큽니다. 혼을 갈아 넣어 썼지만 쓴 글 중에 편집부에 통과되지 못해 세상 밖으로 나오지 못한 글들을 보면서 글쓰기의 흥미가 다시 잃어버리기도 합니다. 그런데 어느새 오늘도 에세이를 쓰고 나를 봅니다. 계속 써야 좋은 글이 나올 가능성이 크겠죠.

글 하나하나가 소중하다는 것을 꼬마 작가가 되어서야 알았습니다. 이 책을 읽는 독자들 역시 우리가 쓴 글 하나하나가 소중함을 알고 천천히 음미하며 읽어 주셨으며 좋겠습니다.

김혜준

이 책은 평범한 5학년들이 쓴 글이니 그냥 봐주길 바란다.

진솔한 이야기가 담긴 책이다. 나는 글을 잘 쓰려고 노력하지 않았다. 정확히는 억지 감정이나 거짓 내용이 들어가지 않길 바란다.

박지환

에헴 에헴,

처음 책을 썼다. 이 책이 세계인들한테 전해진다는 사실이 너무 설레고 뿌듯하다. 미리 말하지만 이 책에는 행복의 거품이 부풀어 있고 슬픔의 거품도 부풀어 있다. 내 생애 첫 책이라니. 우리 반 친구들, 이 책을 읽게 될 독자와 대화하는 기분으로 이 책을 썼다. 내 글을 통해 그들과 공감의 시간의 가지고 싶다.

김정민

3월 2일 내가 드디어 5학년으로 올라가게 되었다. 새로운 선생님을 만났는데 반은 1반이 아니라 햇반이라 하셨다. 가뜩이나 새로운 선생님, 교실 모든 게 낯선 데 이 선생님께서는 우리가 쓴 글들을 모아 책으로 만든다고 하셨다. 체육이면 모를까? 하필 글쓰기다. 글쓰기는 언제나 힘들고, 귀찮다. 싫었다. 그렇게 의도치 않게 작가가 되었다. 내가 쓴 글이 책에 실릴까, 안 실릴까, 두려움 반 설렘 반인 마음으로 글을 썼다. 내 글이 예상보다 많이 실렸다. 책 쓰기 과정 자체가 재미있고, 내 글의 내용도 정말 재미있다. 꼭 읽어보길 바란다.

박준상

　글을 쓸 때 경험한 것이나 그때의 생각이나 느낌을 고스란히 담아 내려고 노력했다. 그래도 많이 쓰지는 못했고 결국 2편의 글이 실렸다. 이 책을 통해 불필요한 오해와 편견을 많이 받아 조금은 억울한 대한민국 5학년을 대표해서 좀 더 긍정적인 시선을 가져주길 바란다.

서지민

　처음에는 선생님이 책을 만들어 보자고 하셔서 글을 쓰기 시작했다. 근데 막상 하려니 글을 어떻게 써야 하는지 막막했다. 친구들의 의견과 선생님의 의견이 큰 도움이 되었다. 어떨 때는 갑자기 아이디어가 떠올라 막힘없이 줄줄이 써 내려간 적도 있지만 또 어떨 때는 너무 생각이 안 나서 다른 작가들이 여러 편 쓸 동안 멍하니 공책만 쳐다보고 있었다. 편집본을 보니 내 글은 다 합쳐서 달랑 4개이다. 어떤 작가는 선정된 글이 10개는 넘어 보였다. 내가 너무 글을 안 썼네… 내가 너무 대충 적었네… 하며 후회했다. 내가 이 글들을 적으면서 느낀 점은 다음에 또 이런 기회가 생기면 좀 열심히 해야겠다…이다. (지금까지 제 글 읽어주신 독자님들 감사합니다)

김수영

난 솔직하고 담백하고 얼큰한 글을 쓴다. 무엇이든 얼큰하고 담백하면 맛있는 법! 거기에 화룡정점으로 꼬소함까지 더하여 쓴다. 거기에 예쁘게 세팅하고 뜨끈뜨끈하고 영원히 김이 식지 않는 싱싱한 글들이다. 이 책은 코스 글로 맛볼 수 있다. 레스토랑 스테이크처럼 양이 적다고 걱정할 거 없다. 양도 많고 다시 읽어도 질리지도 않아! 솔직하고 정성스레 써서 공감도 되고 글을 이해하기도 쉬워. 아무튼 작가는 맛집 글이여~

이형민

후련한 글쓰기!

선생님이 처음에 에세이를 쓴다고 했을 때는 어떻게 적는지 몰랐다. 계소 글을 쓰다 보니 어떻게 쓰는지 짐작이 갔다. 내가 쓴 글이 선정되어 편집본에 올라갈수록 그것은 계기가 되어 더욱 열심히 적게 되었다. 특히 단원평가 글은 나의 고민이 글 속에서 잘 표현된 것 같아 후련하다.

독자 여러분들도 나의 고민을 들어주면 좋겠습니다.

박시안

나는 이 책 출판을 하기 전까지 글쓰기를 정말 싫어하고 못했다. 그래서 나는 최대한 글을 조금만 썼었다. 그때는 글을 조금만 써도 뭐 괜찮겠지 하고 넘어갔었다.

그러나 시간이 지나자 내 글 양이 남들보다 적어지게 되었고 그때서야 글을 계속 쓰기 시작했다.

처음 각 잡고 글을 열심히 쓰려하자 머리가 하얘지고 그야말로 멘붕이었다. 하지만 계속 글을 쓰자 점점 익숙해졌고 주제를 정하고 글을 쓰는 시간도 훨씬 짧아졌다. 이제는 글을 쓸 때 막히지 않고 자유롭게, 편하게 쓰다 보니 글도 점점 잘 쓰게 되고 글을 잘 써야 한다는 부담감도 없어졌다. 무조건 글을 길게 써야 된다는 생각 때문에 필요 없는 내용까지 다 쓰는 것보다는 글이 짧아도 핵심 내용과 자신의 솔직한 생각을 쓰니 더 좋은 글이 되는 것 같다. 글을 쓸 때의 불안감과 긴장감도 서서히 없어졌다. 열심히 글을 쓴 결과 내 글이 다른 친구들보다 많이 실리게 되어 기쁘다.